Hermann Schwarzenberg

*Einmal im Leben ...*
*mit dem Rad über die Alpen nach Rom*

IMPRESSUM
© 2016 Hermann Schwarzenberg
Herstellung und Verlag:
Books on Demand GmbH, Norderstedt
ISBN 978-3-7431-0176-0
Umschlaggestaltung, Satz und Layout:
Jonas Linn

Meine Reise nach ROM

Vorwort

Das Herz angeknackst, die Lunge auch, aber für die Reise von zu Hause hier im Saarland bis nach Santiago de Compostela in Nordspanien hat es im Jahre 2003 ja auch gereicht, immerhin knapp 2500 km mit dem Liegerad. Und wohin dann im folgenden Jahr? Da gibt es doch seit dem Mittelalter drei große Pilgerziele: außer Santiago noch Jerusalem (mir echt zu weit und zu heikel) und Rom. Rom? Na gut, dann also Rom! Über die Alpen. Per Rad, und zwar mit meinem Liegerad. Mein alter, fast schon wieder aufgegebener Traum! Und wenn schon, dann über den Gotthard-Paß, aus historischen Gründen. Und mit einem "Schlenker" durch Norditalien nach Venedig sowie dann auch noch nach Ravenna.

Hier nun mein ganz privates Tagebuch dieser Reise, ursprünglich nur für mich und die Meinen geschrieben, mit Zeichnungen anstelle von Fotos (mit Absicht, ist nachhaltiger).

Mein ganz besonderer Dank gilt meiner kleinen, großen Schwester Bärbel und ihrem Sohn Jonas.

Sehr gute Arbeit!

## Tagesetappen / Unterkünfte

| | | |
|---|---|---|
| 29.08.04 | Lautzkirchen–Gondrexange<br>99 km, Camping auf Zeltplatz | 9 |
| 30.08.04 | Gondrexange–Kehl<br>98 km, Jugendherberge | 10 |
| 31.08.04 | Kehl–Breisach<br>96 km, Jugendherberge | 11 |
| 01.09.04 | Breisach–Kaiseraugst<br>84 km, Camping am Rhein | 13 |
| 02.09.04 | Kaiseraugst – Aarau<br>60 km, Hotel „Rebe" | 15 |
| 03.09.04 | Aarau–Sempach<br>46 km, Campingplatz „Seeland" ★★★★! | 17 |
| 04.09.04 | Ruhetag am Sempacher See | 21 |
| 05.09.04 | Sempach–Altdorf<br>54 km, Camping in Altdorf | 22 |
| 06.09.04 | Altdorf – Hospental<br>37 km, Jugendherberge | 27 |
| 07.09.04 | Hospental – Chiggiogna<br>46 km, Campingplatz „Gottardo" | 29 |
| 08.09.04 | Chiggiogna – Mezzovico<br>75 km, Campingplatz „Palazzina" | 33 |
| 09.09.04 | Mezzovico – Lecco<br>90 km, Camping „Le due Laghi" | 36 |
| 10.09.04 | Lecco – Orzinuovi<br>106 km, Albergo „Lo Châlet" | 40 |
| 11.09.04 | Orzinuovi – Mantua<br>101 km, Hotel „Peter Pan" ★★ | 43 |
| 12.09.04 | Mantua – Nogara<br>41 km, „Antico Albergo" (Hotel) | 47 |
| 13.09.04 | Nogara – Montagnana<br>62 km, Jugendherberge | 49 |
| 14.09.04 | Montagnana – Vò<br>27 km, Azienda Agricola „Bacco e Arianna" | 51 |
| 15.09.04 | Ruhetag auf der Azienda | 55 |

| | | | |
|---|---|---|---|
| 16.09.04 | Vò – Strà<br>52 km, Hotel „Belvedere" | | 61 |
| 17.09.04 | Strà – Fusino – Venedig<br>21 km, Camping Fusino | | 65 |
| 18.09.04 | Fusino – Lido Adriana (vor Ravenna)<br>168 km, Camping | | 68 |
| 19.09.04 | Ravenna – Imola<br>71 km, Camping an der Rennstrecke | | 71 |
| 20.09.04 | Imola - Vaglia<br>86 km, Albergo „Padellino" | | 71 |
| 21.09.04 | Vaglia – San Giovanni alla Vena<br>98 km, Bed and Breakfast „Villa Maria" | | 75 |
| 22.09.04 | San Giovanni alla Vena – Antignano<br>66 km, Campingplatz „Miramare" | | 76 |
| 23.09.04 | Antignano – Scarlino<br>116 km, Campingplatz „Il Fontino" | | 79 |
| 24.09.04 | Scarlino – Talamone<br>82 km, Camping Talamone | | 81 |
| 25.09.04 | Talamone – Ladispoli<br>130 km, Hotel „Mexico" | | 83 |
| 26.09.04 | Ladispoli – Rom<br>50 km, Jugendherberge | | 85 |

## Sonntag, 29.08. (Lautzkirchen–Gondrexange)

Nachdem ich mehrere Tage besseres, das heißt trockenes Wetter abwarten musste, ging es heute früh endlich los. Gemeinsames Frühstück mit meiner Freundin, meiner Tochter und anderen Freunden.

Der Weg führt mich entlang der Blies nach Saargemünd, von dort am Saar-Kohle-Kanal bis nach Gondrexange, von wo ich morgen dem Rhein-Marne-Kanal folgen will. Das Wetter blieb trocken, drohte ab und an aber mit schwarzen Wolken, die mich dann doch nicht (be-)trafen. Ein scharfer Südwind macht mir des Öfteren zu schaffen. Die Reisegeschwindigkeit liegt dann schon mal unter 10 km/h. – Schreibe auf einem Elektroverteilerpfosten, schmal und wackelig. – Unterwegs am Wegrand schon die ersten Herbstzeitlosen: der Herbst, eindeutig. Der Sommer ist vorbei.

Trotzdem: am Stockweiher noch Mauersegler, so zehn Stück, völlig überraschend. Auch hier, über dem Campingplatz, fliegen noch welche. Nebenan ertönt ständig eine Hundepfeife: „Emma" soll hören lernen. Unterwegs ein Gespräch mit einem französischem Ehepaar über das Radreisen und die Langsamkeit. „La vitesse tue le temps." Wahrhaft ein Philosoph (Filosof, Philosof, Filosoph?)

Bin heute früh gestartet bei Kilometerstand 13213 und mit 200 Euro im Geldbeutel.

Der Platz heute kostet sieben Euro plus drei Euro für drei Postkarten (Geburtstagsgrüße an einen Kollegen, an den Mann einer Nichte und – verspätet – an einen Freund).

Es waren bis hierher 99 km.

Von Herbitzheim bis Bliesbruck hat mich eine Frau begleitet; die Jakobsmuschel war der Anlass. Sie ist Lehrerin, an der gleichen Schule wie eine Freundin von mir und singt mit einem Freund regelmäßig im Chor. Die Welt ist klein!

### Montag, 30.08. (Gondrexange – Kehl)

Nur allzu bekannte Geräusche wecken mich: es regnet. Schauerwetter. Zwischen zwei Schauern packe ich und siehe da: es wird den ganzen Tag nicht mehr regnen. Aber der dunkle Himmel dräut ständig. Dazwischen immer mal Sonne. Einkaufen in Gondrexange. Und dann auf den Chemin d'Halage. Von Asphalt keine Spur, meist Splitt oder Kies, oft genug habe ich aber auch einfach zwei Autoreifen-Spuren im Gras. Das Fahren ist dort sehr mühselig und sehr langsam. Bis Mittag kurz vor dem Kanaltunnel von Arzwiller schaffe ich bloß 21 km. Aber ab dort habe ich dann Asphalt und Rückenwind. Ich fahre leicht bergab, und der Wind schiebt. Das nutze ich aus, will versuchen, Straßburg zu erreichen – oder Kehl auf deutschem Boden. Ein

Flussschiffer vor Arzwiller hat mir mit der Distanz nach Straßburg („so 70 km") Mut gemacht. Unterwegs nette Begegnung mit einem neugierigen, kleinen Jungen von achteinhalb Jahren. Es geht ums Liegerad und um die Welt. Er hat einen kleinen, graubraunen Kater, ist sitzengeblieben („les calcules"!). Die Mutter ist Polin. Er spricht ein wenig deutsch – immerhin.

Straßburg erreiche ich zu einer passablen Zeit – kurz nach 19 Uhr. Ein netter Radfahr-Kollege geleitet mich bis kurz vor die Europabrücke, ich verfahre mich trotzdem noch mal. Aber von allen Leuten, die ich gefragt habe, bekam ich erstaunlich kompetente Fahrradweg-Auskünfte. Straßburg ist ja die Fahrrad-Hauptstadt Frankreichs.

In Kehl gibt es gleich am Rhein einen Campingplatz. Auf dem Weg dorthin entdecke ich ein Hinweisschild „DJH" und bekomme Lust auf Jugendherberge. Wozu habe ich den Ausweis sonst dabei? Also eingecheckt. Bett beziehen, essen, trinken, schreiben. Nettes Gespräch mit einer Familie. Im TV wird Fußball übertragen: Köln gegen Frankfurt.

Habe mir heute mit meinem Taschenmesser beim Baguettevorbereiten doch tatsächlich in die Hand geschnitten. Nicht so schlimm!

Übrigens: körperliche Beschwerden: gestern Abend schneller Puls mit häufigen Aussetzern, heute Abend stabiler. Muss kürzer treten.

Letztes Jahr meldeten sich zuerst das linke Knie und die rechte Achillessehne. Diesmal ist es genau umgekehrt: rechtes Knie und linke Achillessehne.

Ich liege im Zimmer zusammen mit Klaus Störtebeker: groß, langhaarig, bärtig, plattdütscher Slang. Kommt mit dem Rad von Basel. Von ihm stammt der Tipp mit der Jugendherberge Breisach: direkt am Rhein, an einem großen Stauwehr gelegen.

DIENSTAG, 31.08. (KEHL – BREISACH)

Nach etwas unruhiger Nacht (1 l Cola abends) weckt uns blauester Himmel und – natürlich – die Sonne, mit Voranmeldung durch den Hahn in der Nachbarschaft. Ein kalter Morgen.

Ich befinde mich hier übrigens im Gelände einer Landesgartenschau. Musste kurz vor der Jugendherberge eine Sperre mit Kasse passieren und versprechen, nur zur Herberge zu fahren und nicht weiter.

Nachtrag: gestern waren es 98 km.

Bin in Breisach, Jugendherberge. Es sollten eigentlich „nur" 82 km sein, ich habe 96 km gebraucht. Habe mich ein paar Mal verfahren, es gab Umleitungen.

Habe heute früh noch gezeichnet, dann den Radweg relativ gut gefunden, aber diese Oberfläche! Wenn der Lehm oben rausguckt, werden ein paar cm Kies darüber geworfen! Da fährst du wie auf Glatteis, ständiges Schlingern, na ja, nicht immer, aber du musst stets aufpassen; zum Schauen bleibt wenig Zeit. Dabei gibt es viel Wassergetier zu sehen, vor allem Vögel. Ein kleiner, weißer Reiher fällt mir auf: Kuhreiher oder Silberreiher, beides nicht so häufig. Die Beschilderung erweist sich wie so oft als problematisch, jedenfalls stellenweise. Muss mich mehrfach ärgern, zumindest wundern: Warum so? Es wäre so einfach, es besser zu machen!

Und wegen der Oberfläche komme ich so entsetzlich langsam voran. So hatte ich mir einen Europäischen Radwanderweg nicht vorgestellt, eher als Musterbeispiel. In Breisach bekomme ich das letzte freie Bett. Ein Zimmergenosse aus Münster geht mir auf die Nerven: laut, unflätig, voller Hass auf die Welt, fast ständig per Rad unterwegs, beruflich (und privat?) am Leben gescheitert. Anästhesist sei er, habe aber nie den Facharzt gemacht. Für viele Personen und Sachverhalte hat er eigene Begriffe beleidigender Art (seine ehemalige Chefärztin = die Hexe von Münster, Regen = Sputnik, Südamerika = spaniakische Kolonien), und er redet in einem fort, sich wiederholend, etwas stotternd. Wie wohl sein Lebensweg bis hierher war?

Ich sitze jetzt, am ...

... Mittwoch, dem 01.09. (Breisach – Kaiseraugst)

... am Rheinufer bei der Jugendherberge. Im Uferschilf Blässhühner und Schwäne mit Jungen, zwei Eisvögel ganz nah. Hinter mir wird gerade ein Schiff durchgeschleust. Der Tag beginnt wieder strahlend, wie gestern. Hoffentlich produzieren die Vogesen nicht wieder so viele und dunkle Wolken wie gestern.

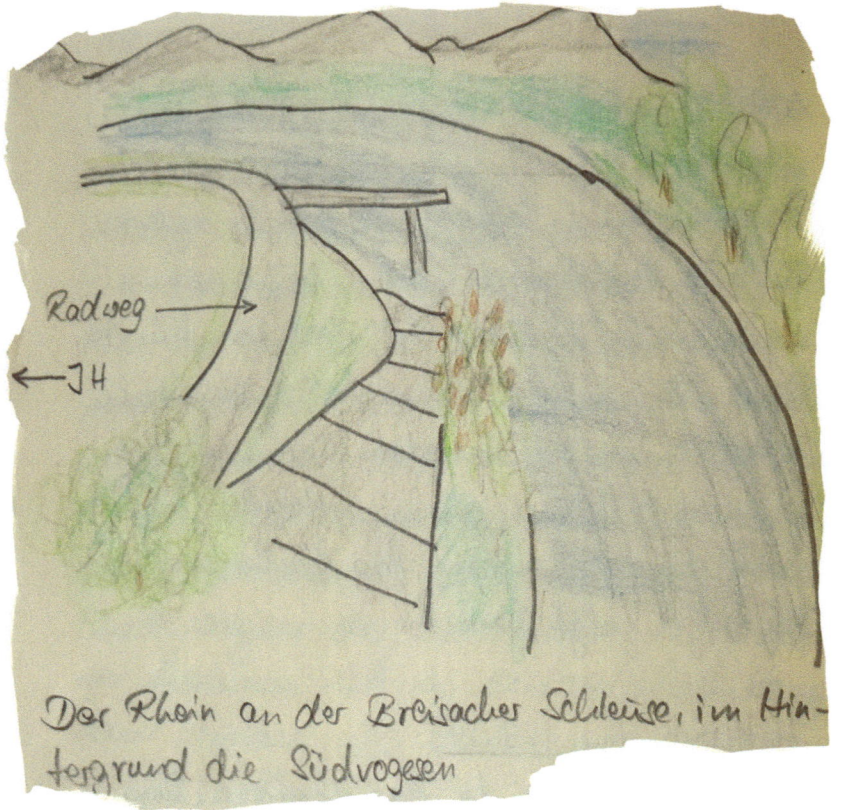

Der Rhein an der Breisacher Schleuse, im Hintergrund die Südvogesen

Mittagspause in einer Schutzhütte am Rheinradweg. Schatten. Kühle. Draußen steht das Rad, ausstaffiert mit Wäschestücken, die trocknen müssen. Ebenso liegt mein Zelt draußen auf der Wiese. Das habe ich seit Gondrexange nass mit mir rumgeschleppt. Auf der anderen Seite des Altarms, auf einer Kiesbank, sind so zwei Dutzend Kormorane versammelt. Sie putzen ihr Gefieder. Ich bin ziemlich kaputt. Zu heiß, zu anstrengend, der Puls zu schnell?

Zweifel, dass ich die Tour nicht schaffen könnte, verstärken sich. Gedanken an Abbruch kommen immer öfter. Ist das nur Schwäche oder will der Körper mir was anderes sagen, mich warnen? Jetzt spüre ich meinen mangelhaften Konditionsstand direkt, selbst flach radeln über längere Distanzen ermüdet mich rasch, dazu schmerzt das rechte Knie und die linke Achillessehne (Eiswürfel sind schlecht zu kriegen, weil der Rheinradweg sehr einsam verläuft, die Versorgung mit Lebensmitteln geht nur in den abseits gelegenen Orten). Seit heute früh habe ich zudem einen Defekt am Vorderrad, den ich wohl beheben könnte. Vorerst beschließe ich aber, mit abgesenktem Luftdruck zu fahren. Mal sehen, ob das geht. Damit radelt es sich aber auch

Blick aus der Schutzhütte

etwas schwerer. Abgesehen vom Wetter haben sich alle Parameter zu meinen Ungunsten verschoben. Es gäbe auch Alternativen: bis zur Burgundischen Pforte, von dort über die Route des Crêtes die Vogesen der Länge nach überqueren bis Saverne, dann am Kanal nach Hause. Oder: ab Burgund die Rhône abwärts an mein geliebtes Meer zu meiner Schwester, so als Überraschung? Rom ist soooo weit weg, auch in meinem Kopf.

So, jetzt packe ich die trockenen Sachen zusammen, ruhe noch etwas, und dann geht's weiter, erst mal nach Basel. Hoffentlich gibt es dort einen Campingplatz. Wäre gerne noch mal nachts alleine. Vielleicht schlafe ich dann besser.

Bis hierher (fast) – ich bin in Neuenburg – hat mich eine Kinderkrankenschwester aus Darmstadt ab Breisach begleitet. Die war mir aber zu schnell.

### Donnerstag, 02.09. (Kaiseraugst – Aarau)

Blauer Himmel, den ganzen Tag lang, und heiß. Ich verbrenne mir die Nase. Muss ich heute eincremen.

Ich sitze auf dem Campingplatz in August, es ist fast halb elf; ich komme nicht los, will noch hier an der Bude frühstücken. –

Sechs Franken irgendwas für eine Tasse Kaffee, ein kleines Baguette mit Marmelade und Butter, die Übernachtung noch mal zehn CHF.

Nachtrag: irgendwo am Rhein habe ich einen Wald durchquert, der voller Holzskulpturen war, vor allem Tiere: Wildschweine, Rehe, Hasen, Füchse, Eulen. Am Radweg südlich von Breisach treffe ich einen jungen Mann. Er hilft mir über eine schmale Holzbrücke mit Treppenstufen an beiden Seiten. Hat in der Hängematte (überdacht) im Auenwald geschlafen. Er sei zu Fuß aus der Ostschweiz gekommen; weil er dann Probleme mit einem Knie bekam, hat er sich in Freiburg ein Rad gekauft und radelt jetzt weiter. Er arbeitet als Monteur, hat sich Geld gespart und eine Auszeit von 3–4 Monaten genommen. Will an die Rheinmündung, dann über Paris nach Hause.

Den Campingplatz hier habe ich erst nach vielen Irrungen / Wirrungen / Fragen / Auskünften / Achselzucken gefunden. Er

Mein Schlafplatz in Augst

liegt direkt am Rhein (2,5 m zum Wasser), zwar idyllisch, aber der Verkehrsraum ist knapp, Straßen und Bahnlinien auf beiden Flussseiten. Die Nacht wird laut.

Basel hat mir gut gefallen. Viel alte Bausubstanz; eine lebendige, quirlige Stadt mit vielen kleinen Geschäften.

Gestern Abend wurde ich noch Ohrenzeuge eines Autounfalls auf der anderen Rheinseite. Quietschende Reifen, ein Krachen: bis man das Martinshorn hört, immer wieder Quietschen von Reifen, einmal kracht es auch dabei wieder. Später der Himmel mit rotem Widerschein; Fauchen wie von Feuerlöschern. Ein Plakat in Basel: "Helft Rasern – spendet Hirn!"

Es waren gestern 84 km.

Nach dem Frühstück füttere ich aus dem Zelt heraus eine Stockente mit Brot.

## Freitag, 03.09. (Aarau – Sempach)

In Aarau gibt es mitten in der Stadt an einer großen Straße das Hotel „Rebe". Es ist billig in jeder Beziehung. Etwas schmuddelig, die ganze Bude stinkt nach kaltem Zigarettenrauch, mein Zimmer auch. Ich kann mich entscheiden, ob ich den Gestank aushalte bei geschlossenem Fenster oder ob ich letzteres kippe; dann kommt mit etwas frischerer Luft der Verkehrslärm üppig herein. Die Wacht hier im Hause halten junge Türken, überhaupt sehe ich hier nur junge Türken, keine Frauen. Die Wirtsleute seien für einen Monat verreist.

Die Müdigkeit lässt dem Optimismus den Vorrang.

Die Überquerung des Schweizer Jura war ein echt dicker Brocken. Relativ schnell hinter Basel steigt es langsam, aber beständig; später folgen dann drei heftige Rampen, die ich schieben muss. Die nehmen aber auch kein Ende. Ein Baske auf Wandertour macht mir Mut: „About two hundred meters, two hundred fifty or a few more" seien es bis oben hin. Es wird etwa ein Kilometer sein. Dann endlich die Abfahrt, mit viel Schweiß teuer erkauft. In der Abfahrt verwerfe ich zwei Übernachtungsmöglichkeiten (Camping beim Bauern, Zimmer für Radler), weil ich mir einbilde, in Aarau sei besseres zu finden. Errare humanum est. Nach viel Fragen und Ratlosigkeit (Zelten an der Aare, so einfach wild, gleich bei den Zigeunern oder doch das ★★★Radler-Hotel) weist mir ein junges Radlerpaar den Weg zu diesem Hotel „Rebe". Na ja, 50 CHF ohne Frühstück.

Jedesmal nach solchem Tag denke ich beim Duschen an den Spruch eines Radfreundes: „The most magic thing of the day is the shower!" Wie recht er doch hat! Bin danach fast wie neu. Noch zu Fuß zum Telefon, um Neuigkeiten aus der Heimat zu erfahren und meine mitzuteilen.

Schlagzeile in Liestal am Zeitungskiosk: „Blitzeis im August!" Wirklich wahr oder Werbung?

Ich sitze hier übrigens in einem Innenhof quasi im ersten Stock hinter dem Haus (Hanglage) und schreibe. Gleich geht's zum Frühstücken zu McDonalds (igitt!). Dort habe ich mir gestern Abend schon was 08/15-Essbares geholt (aber warm) und vor allem Eis für meinen Fuß.

Auf einem Platz in der Oberstadt von Sursee

Will heute – relativ flaches Geläuf – so 60 km weit zum Sempacher See. Zum Relaxen. Danach sind es nochmal 60 km bis zum Beginn des Gotthard-Anstieges. Ich wünsche mir Glück.

Der Philosoph vom 1. Tag meiner Reise meinte, als ich ihm erzählte, dass ich so gerne in Straßencafés sitze und die Leute

beobachte, das sei nicht seltsam oder neugierig, das heiße im Französischen „regarder la vie".
Das fällt mir gerade jetzt ein. Seit Tagen hat mein Kopf den Auftrag, diese zweite Sache wieder zu finden, die mir an den Aussagen des Philosophen gefiel. Die erste war: "La vitesse tue le temps."
Das Geschreibe passt gut zu dem anderen traurigen Anlass, über Philosophie, Ästhetik und Literatur nachzudenken: heute früh erfuhr ich per Frühstücks-TV im ZDF, dass es in der Anna-Amalia-Bibliothek gebrannt hat. Ich weiß noch gut, wie ich dort mit meiner Freundin voller Staunen stand. –
Das Quartier von letzter Nacht habe ich verlassen, ohne es zu zeichnen; es lohnte nicht, zu banal. McDo hatte noch zu. So gab es im Straßencafé „Harlekin" einen Kaffee mit zwei Croissants. Dann ab, der Nr.3 nach. Bin fast aus der Stadt raus, da kommt mir vieles arg bekannt vor: ich befinde mich zwar auf dem richtigen Radweg, fahre aber in die falsche Richtung. Also umgedreht!
Es wird sehr heiß, drückend, und am Himmel zeigen sich Cumuli, die nach oben steigen. Falls es was gibt, will ich vorher am Sempacher See sein. Es geht am Bachbett der Suhre entlang, auf Schotter und Split, immer leicht bergan, gegen das Wasser, durch mehrere hübsche Dörfchen hindurch. Straßenname in einem der Dörfer: „Meerhafenstraße". Mutig. In Schöftland wird Pause gemacht: 1000 ml Mövenpick Walnuss (sauteuer, neun CHF irgendwas), zwei Joghurt und trinken. Dort wird mir von vielen Passanten „a guata" gewünscht. Sehr freundlich. Ein Mann erzählt mir, es habe früher in Schöftland sogar eine Gastwirtschaft „Zum Meerhafen" gegeben.
Staubig, heiß und schattenlos nach Sursee. Nach den Kantonen Basel, Solothurn und Aargau bin ich jetzt im Kanton Luzern angelangt. Zwei Cola im Straßencafé, ein paar Eiswürfel in die linke Socke.
Gerade schlägt es 15 Uhr. Will noch Geld tauschen, die Kantonalbank ist gegenüber, und dann noch 12 km bis zur anderen Seespitze fahren. Der „Meerhafen" – Mann von Schöftland hat von dem Platz so geschwärmt. –
Recht hat er schon gehabt. Der Platz liegt direkt am Wasser, mit benachbartem Sandstrand. Er ist aber auch riesig, mehrere

Abendstimmung am ~~See~~ ↑ Sempacher See
habe meinen Radiergummi vergessen!

hundert Stellplätze, meist für Wohnwagen und Wohnmobile. Zelte sind eher rar. Mehrere Sanitärblocks, ein abends gut besuchtes Selbstbedienungs-Restaurant, Bar, Spielplatz, alles sehr ordentlich und sauber. Bin so kurz vor 16 Uhr da.

Jetzt ist es kurz nach 19 Uhr; ich sitze auf einer Treppe am Seeufer und will noch Bilanz ziehen und zeichnen. Südwestlich des Sees, über dem gewaltigen Pilatus-Massiv, türmen sich noch gewaltigere Gewitterwolken, ebenso im Norden, über dem Jura, aber über mir ist der Himmel blau. Heißluftballons (es ist die Schweizer nationale Meisterschaft!) ziehen ihre Bahn. Vorhin wurden hunderte kleine blau-weiß-rote Luftballons aufgelassen – wohl ein Fest.

Am späten Nachmittag wurde nicht weit weg andauernd geschossen. Schützenverein (hatte ich gestern schon mal) oder Weinberge, gegen die hungrigen Stare.

Heute gab es endlich die von zu Hause mitgebrachten Mirácoli, nur die halbe Packung, die andere Hälfte gibt's morgen Mittag. 800 g Eisteepulver habe ich mir gekauft, soll für 12 Liter Tee reichen.

Was bis hierher war:
Bin 483 km geradelt, in sechs Tagen, bin ziemlich zentral in der Schweiz. Bis Chiasso bleiben aber noch fast 280 km, d.h. von der gesamten Strecke in der Schweiz habe ich gerade mal ein Viertel hinter mir. Bis zum Anstieg zum Gotthard, also dort, wo es ernst wird, sind es noch 90 km. Bergauf geht es ja jetzt mehr oder weniger.

Geld: Im Geldbeutel sind nur noch 120 Euro, also habe ich davon bisher 80 Euro ausgegeben. Dazu kommen noch 352 CHF, von denen ich noch 180 habe, also 172 ausgegeben. Das sind etwa 120 Euro. Also bis hierher bin ich 200 Euro losgeworden. Doppelt soviel wie letztes Jahr auf dem Jakobsweg nach Santiago de Compostela. Aber wen wundert's: ich bin in der Schweiz. ein Cappuccino 3,50 CHF (ein Cola ebenso) = 2,20 Euro. Das geht ja noch, oder?

SAMSTAG, 04.09. (RUHETAG AM SEMPACHER SEE)

Kein Gewitter in der Nacht, die Wolkenberge über dem Pilatus waren schon gegen Abend in sich zusammengebrochen. Der Abend wird spät, die Menschen sind noch lange wach. Es ist eben ein Ferienplatz. Aber auch die Transitler treffen noch spät ein und hämmern noch nach Einbruch der Dunkelheit die Heringe in den steinigen Boden. Von der Sempacher Kirche wird die Stunde geschlagen, gegen sieben Uhr bin ich wach. Zum Frühstück eine Tasse Kaffee (selbstgebraut), ein Schokoweck und ein Gipfeli (Croissant). Ich lese noch ein wenig im Buch „Der Fotograf von San Marco" von Mario Adorf: einfach köstlich, diese blumige Art der Beschreibung, dieser Humor. Es hilft mir hinweg über die Meldung aus Russland, wo es bei der Erstürmung einer Schule wohl über 200 Tote gegeben haben soll, vor allem Kinder. Diese Nachricht aus dem Munde der Kassiererin im Supermarkt rührt mich fast zu Tränen. Was ist der Mensch? Wie groß ist der dunkle Raum in seiner Seele? Und was hält ihn davon ab, zu leben? Und immer, wenn Gewalt ins Spiel kommt, sind es Männer! Zum Teufel mit ihnen!

Am Nachbartisch hier auf der Seeterrasse wird wieder mal geraucht. In der Schweiz wird, so mein Eindruck, mehr geraucht als in Deutschland. Und der Rauch zieht immer zum Nichtraucher. Zum Lesen und zum Schreiben hatte ich mich hierher zurückgezogen. Jetzt beginnt der Mittagsbetrieb. Ich gehe jetzt kochen. Nach der Mittagspause will ich mir noch die Schweizer Vogelwarte anschauen. Die war heute früh noch geschlossen. Dafür gab es im COOP ein Viennetta als Ersatz.

Nach dem Essen Mario Adorf zum Dessert. Nicht nur lustig, auch mal melancholisch und gar tragisch.

Bin heute Abend von einer Behindertengruppe zum Grillen eingeladen. Das werde ich wohl gerne annehmen.

### Sonntag, 05.09. (Sempach – Altdorf)

Obwohl es nicht spät war gestern Abend, habe ich lange geschlafen. Erst gegen zehn Uhr komme ich los. Der Leiter der Behindertengruppe hat mir für den Gotthard Mut gemacht. Er sei den schon mit Schülergruppen per Rad hoch. Jetzt denke ich, es müsste wohl gelingen. Bloß die Schöllenen-Schlucht gleich am Anfang, die sei heftiger. Wenn der Tipp so gut ist wie die Würschtli (rot und weiß, mit Senf und Chips), mal sehen.

Sitze gerade auf einer schattigen Bank in Luzern, an der Reuß, vor mir die Mühlenbrücke. Gleich geht's weiter zum Vierwaldstättersee.

Von Gersau so fünf Minuten nach Brunnen. Und von hier geht in einer guten halben Stunde das Schiff ab, nach Süden auf dem Urner See, einem der vielen Zipfel des Vierwaldstättersees, Zwischenstation am Rütli, in Sisikon, am Tellsprung, bis Flüelen, was schon fast am Südpunkt des Urner Sees liegt. Eine vom eidgenössischen Selbstverständnis her sehr schwere, geschichtsschwangere Tour. Hoffentlich kann das Schiff dieser Last etwas entgegensetzen. Von Flüelen habe ich noch ein kleines Stück bis zum Campingplatz. Nach knapp zehn Kilometern wird es dann morgen ernst. Ich will nach Hospental. Das wären dann zwar nur 40 km, dafür aber 1000 Höhenmeter. Dann fehlten noch neun Kilometer, aber auch eben noch 600 m Höhe. Das wäre dann der Gotthard. Es sieht so aus, als sei morgen der härteste Tag.

Heute ging's mal auf, mal ab (ersteres wohl mehr) vom Sempacher See nach Luzern, schöne Stadt, mondän, viel Geld zu Hause. Die vielen Sportwagen neuerer Produktion (z.B. viele Ferraris) können optisch mit den oft zu sehenden, liebevoll instandgehaltenen und gepflegten Oldtimern nicht mithalten.

Das Linienschiff nach Luzern ist gerade abgefahren. Das sind ja tatsächlich Raddampfer! Und schnell sind die!

Ab Luzern bin ich mit dem Rad oft direkt am See: Villenviertel, kleine Sand- oder Kiesstrände, auch mal private; der See auch mal etwas lauter an Felsenufer schlagend, wo steile Berge ihn begrenzen, so steil, dass selbst um die Mittagszeit kein Sonnenstrahl auf die Uferstraße trifft. Eine Großbaustelle sorgt für Irritation. Aber alles findet sich bis zur Fähre Beckenried.

Gedeckte Mühlenbrücke in Luzern

Um 15.00h mit der Fähre von Beckenried nach Gersau über den Vierwaldstätter See

Es geht mir gut heute, es rollt. Die Knie zeigen sich erholt, die Achillessehne leider nicht. Die kriegt Eis.

Nachtrag: die Sommeridylle am Sempacher See darf nicht vergessen lassen, dass nicht weit weg (1,5 km) von hier an einer Stelle, die heute bezeichnenderweise „Schlacht" heißt, im Jahre 1386 die Österreicher von den Schweizern sehr blutig geschlagen wurden. Nachdem die Bauern in den folgenden Jahren immer mehr Knochen bei der Feldarbeit fanden, baute man 40 Jahre nach der Schlacht ein Beinhaus. Feldarbeit – eine Knochenarbeit!?

Vielleicht so halb acht abends auf dem Remo-Camp in Altdorf. Bin weit gekommen heute, natürlich auch dank der Schiffspassagen. Bei der Einfahrt in den Urner See blies plötzlich ein unangenehm kalter Wind. Das erinnerte mich an das, was Hermann Hesse über einen Wettersturz am Vierwaldstättersee schrieb, recht dramatisch: „Am Ende des Winters kam der Föhn mit seinem tieftönigen Gebrause, das der Älpler mit Zittern und Entsetzen hört... Der blaugrüne See wird in ein paar Augenblicken tintenschwarz und setzt plötzlich hastige, weiße Schaumkronen auf. Und bald donnert er, der noch vor Minuten unhörbar friedlich lag, mit erbitterter Brandung wie ein Meer ans Ufer."
Die Seeuferstraße, die Axenstraße heißt, war vom Schiff aus als recht belebt zu erkennen. Am Wochenende – heute ist ja noch Sonntag  sei hier immer die Hölle los. Mein Campingnachbar sitzt mit Frau, Golden Retriever und Wohnwagen hier fest, weil ihm, wie ca. 40 anderen auch, am Samstag bei Stop-and-Go am Gotthard der erst drei Jahre alte BMW verreckt ist: Kupplung. Bin gespannt, wie der Betrieb morgen auf der Straße ist.
Der Platz hier ist schon recht eng eingepasst zwischen den Bergen. Sie erscheinen mir riesig hoch. Bis etwa zur Hälfte tragen sie Wald, Büsche und Grasmatten, darüber blanker Fels. An den ganz hohen Wänden Richtung Gotthard gibt es nur noch Felswände, und nicht wenige Schneefelder grüßen herüber.
Bin heute 54 km gefahren, Kilometerstand heute Abend 13750 km. Habe soeben seit Abfahrt meinen ersten 500er „zusammen".
Bei Stansstad am Vierwaldstättersee gibt es ein Gewerbegebiet, das heißt „Rotzloch". Meine Güte!

MONTAG, 06.09. (ALTDORF – HOSPENTAL)

Mein Campingnachbar, der BMW-Kupplungsmann, hat mir zum Schlafen zwei Ohropax geschenkt. Unverzichtbar eigentlich für Gegenden, die so eng und verkehrsmäßig so stark frequentiert sind wie die Anfahrt zum Gotthard.
Nun ja, da sitze ich nun auf einer schattigen Bank am Rande der alten Passstraße, hinter mir im engen Tal tost die Reuß, vom

JH in Hospental, am Abend

anderen Ufer herüber dröhnt der Verkehr der Autobahn. Diesseits steigt das Gelände steil an, so drei Stockwerke höher verlaufen die Bahngleise, darüber verlieren sich das Grün der Bäume und der helle Fels in der Bläue des Himmels.

20 km liegen heute hinter mir, nochmal so viel sollen es vielleicht werden, möglicherweise bis Hospental; das wären dann noch neun Kilometer bis zum Pass.

Als die Schinderei beginnt, sage ich mir: gut, alle fünf Kilometer Pause und trinken, alle zehn Kilometer längere Rast. Soweit klar. Nach etwa 300 m stehe ich bereits zum ersten Mal. Also zum Teufel mit der Planerei! Pausen ab sofort nach Bedarf.

Der Wind, der T-Shirt und Helm am Stacheldraht trocknet, weht kräftig und bergwärts, kann also ein wenig schieben.

Habe heute Nacht von meinem Vater geträumt. Sah ihn ganz deutlich in seiner letzten Lebensphase, in seiner Hilf- und Hoffnungslosigkeit – gerufen nach mir hat er aber nicht.

Jetzt sehe ich bei einem Arbeiter der Straßenverwaltung erneut eine von diesen seltsamen Zigarren: nicht dick, vielleicht so wie der kleine Finger, aber bestimmt 20 cm lang und total krumm! Die müssen so wohl sein. –
Habe bloß noch 50 CHF. Muss wechseln gehen. –
Ab dem Anstieg zum Gotthard heute früh taucht mehr und mehr italienisch im Straßenbild auf.

Habe anfangs mal wieder „meinen" Radweg nicht gefunden, bin der Hauptstraße gefolgt und habe die Dorfpassagen zum Verproviantieren genutzt.

Am gleichen Abend, gegen 21 Uhr in der Jugendherberge Hospental: Was für ein Tag, diese langen Anstiege, auch mal bis an die Grenze des Machbaren. Aber schieben muss ich nicht. Dafür gibt es häufige Pausen. Etliche Autos und Motorräder, die an mir vorbeibrausen, verstärken meine Zweifel, ob ich die Schöllenenschlucht fahren bzw. schieben soll. Es sind zwar nur fünf Kilometer, aber mehrfach mit über 10 % Steigung, dazu ich so langsam und wackelig im „normalen" Verkehr: Busse, Lkws. Und als ich Göschenen erreiche, ist klar: per Bahnverlad nach Andermatt. Die Räder müssen arg hoch gehoben werden, aber die Schweizer Bahnbeamten sind sehr hilfsbereit und höflich.

Überhaupt scheint eine im Vergleich zu uns Deutschen größere Ernsthaftigkeit den Schweizern eigen zu sein. Das findet man schon bei den Kindern. Sie geben freundlich und bereitwillig, aber doch distanziert Antworten und Auskünfte.

Die Bahnfahrt nach Andermatt dauert kaum 15 Minuten. Und sie folgt doch tatsächlich der Schöllenenschlucht. Ein Blick aus dem Fenster überzeugt uns Bahnverlad-Gruppe, dass die Entscheidung richtig war. Freilich werden uns auf diese Weise auch 336 Höhenmeter „geschenkt".

In Andermatt tausche ich noch Geld.

Der Weg nach Hospental ist kurz und steigt kaum mehr an.

Bin jetzt auf knapp 1500 Meter. Lange Hosen und Pullover sind angeraten.

Zum Abendessen bekam ich das Gleiche wie eine Schweizer Schülergruppe: 10 Jungen, 10 Mädchen, 4. Klasse, mit fünf (!) Begleitern/-innen. Es gibt Älplermakkaroni: auf ein Bett mit Salzkartoffeln kommen gekochte kurze Röhrennudeln (wie heißen die denn nur?), alles wird mit Käse überbacken und mit Röstzwiebeln und Schnittlauch überstreut. Lecker! Ach so: es wird mit Apfelmus serviert, dazu Tee zum Trinken und ein Erdbeerrollenstück zum Dessert. –

Ich gehe abends noch raus zum Zeichnen. –

Auf dem Zimmer mit mir ist ein junger Schweizer „Bubi" (20 Jahre), der so zwei bis drei Pässe pro Tag fährt, und ein interessanter alter Mann, der wohl aus Russland stammt, in Sibirien Englisch unterrichtet hat und mich sehr an Lew Kopelew erinnert. Der lebt (e?) doch in der Schweiz, oder?

## Dienstag, 07.09. (Hospental – Chiggiogna)

Mal wieder in einem Bett geschlafen, mit drei anderen Männern in einem Raum. Das sicherlich alte Haus hat knarrende Türen und ächzende Holzdielen. Auch die Betten stöhnen bei jeder Bewegung. Lew Kopelew ist kein Russe, sondern waschechter Schweizer, erfahre ich beim Frühstück (Kaffee, Brot, Marmelade). Was er denn dann um Gottes Willen in Sibirien getan hat, sechs Jahre lang? „Na," sagt er, „privatisiert!" Aha. Er sei quasi geflohen, als in der Öffentlichkeit Stimmung gegen die Schweiz geschürt wurde wegen ihrer Rolle im Dritten Reich (Gold und Geld der Juden etc.).

Kurz nach acht Uhr geht's los, gleich ein deftiges Stück. Neun Kilometer sind es bis zum Pass. Nach knapp einem Kilometer ziehe ich die langen Hosenbeine und den warmen Pulli aus. Nach 1/3 der Strecke Pause, zum Trocknen. Dieses Mal bleibe ich im „Sattel". Ein Plakat mahnt nämlich „Rimani in selle!" Ist eigentlich für Motorradfahrer gedacht. Bisher bin ich auf der normalen Passstraße gefahren. Mit dem Verkehr ging's so. Im letzten Drittel folgt der Radweg der historischen Gotthardstraße, der wohl auch Goethe im November (!) 1779 gefolgt ist. Sie ist „gepflästert", und das kostet extra Kraft. Dafür verläuft sie auf einem Damm durch ein Hochmoor mit fast schwarzem Wasser und Wollgraswiesen. Jetzt sitze ich am Straßenrand auf einem Steinpylon, schreibe, trockne, alle Systeme ruhen sich aus. Zum Pass fehlt noch ein Kilometer, aber steil und gepflästert eben. –

Auf die Idee, dass Lew Kopelew Russe sei, kam ich, weil er mich im Gespräch gelegentlich mit staccatoartigem „da-da-da-da-da" bestätigte. – Weiter!

Meine Güte; musste zuletzt noch einen guten halben Kilometer schieben. Bin jetzt oben, sitze, schreibe, zeichne. Um mich höre ich das durchdringende Pfeifen von Murmeltieren.

Mittagspause auf einem Felsen. Ein Schild verbietet die Suche und Mitnahme von Mineralien. Das bringt mich auf eine Idee. Ein Stein vom Gotthard-Pass muss mit! Es ist ein glitzernder, glimmerartiger Stein, der recht leicht bröckelt. Am Ospizio, im Ristorante Gottardo gibt es natürlich eine Belohnung, einen Kaffee.

Am Gotthard-Paßjgang oben.

Genau dort beginnt auch das Val Tremola, das Tal des Zitterns. Noch mal den linken Fuß in einen Gletschersee getaucht (da sind ja Fische drin!), und gerade will ich los, da kommt eine historische Postkutsche mit Personal in passendem Kostüm vorgefahren. Fünf Pferde ziehen die knallgelbe, hohe Kutsche. Eine Handvoll Passagiere verlässt über eine eigens von außen angestellte Treppe die Kutsche. Postkutschen fuhren seit 1615 wöchentlich, ab 1840 täglich, auch im Winter. Dabei fanden über 100 Wegmacher und Schlittenknechte Arbeit und Brot. –

Und dann geht's ins Val Tremola. Ein Rappeln auf dem Kopfsteinpflaster deutet an, dass sich mein Federelement unterm Sitz verabschiedet hat. Das Ding verliert auch Öl. Sei's drum! Ich lasse es rappeln und bestaune die Abfahrt. Eine solche Straße zu bauen ist bewundernswert. Sie auszudenken: fast unglaublich. Mehrfach bleibe ich am Außenrand der Fahrbahn stehen und blicke auf das Gewirr von Serpentinen unter mir. Sie scheinen nicht zu enden. Blickt man zurück, steigt die Straße geradewegs in den Himmel.

In Airolo wird noch eingekauft, und weiter geht's in manchmal rasend schneller Fahrt. Aber dort, wo man die Radler aus dem Hauptverkehrsstrom heraus haben will, gibt es auch ein paar Steigungen. Sowie man die Hauptlinie im Tal verlässt, steigt es eben an. Immer wieder hat das Tal Engstellen, mit Tunnels und Stufen, wo es dann besonders steil und schnell wird. In Faido an der Piazza gibt es eine Cola und statt zweier erbetener Eiswürfel einen kompletten Eisbeutel. Tut gut. Nach etwas Suchen und Fragen finde ich diesen Campingplatz im Nachbarort Chiggiogna. Rundherum hohe Felswände, an denen Wasserfälle tosend zu Tal stürzen. Selbst der Weg ins Tal ist nach einer Biegung von Bergen verdeckt.

Mein Zeltplatz in Chiggiogna im Tessin.

Heute hatte ich den ganzen Tag lang Gegenwind. Beim Bergabsausen macht das ja nix. Das Wetter soll vorerst so bleiben, meint die Padrona. Aber das wisse man ja nie. Immerhin bin ich hier noch ca. 700 m hoch. Die letzten beiden Tage haben mich ziemlich geschlaucht. Ich habe leichte Kreislaufprobleme. Wenn ich mich bücke und dann wieder aufrichte, kann mir etwas schwindelig werden. Die Höhe, die Anstrengung, Sauerstoffmangel? Bin deswegen auch heute nur noch 37 km vom Gotthard abgefahren, insgesamt waren es 46 km. –

Meine stotternde, nach italienischen Worten suchende Frage nach einem Zeltplatz beantwortet die Padrona (eine Frau Schröder) in sehr gutem Deutsch. Maledetto! Bin heute schon um 16 Uhr am Camping und will etwas ruhen. –

Sta. Maria del Castello in Giornico

Die krummen Zigarren heißen Brissago-Zigarren und kommen vom Lago Maggiore. – Ich durchfahre derzeit das Valle Leventina, das mich mit dem Ticino nach Süden, nach Bellinzona und an den Lago Maggiore bringt.

MITTWOCH, 08.09. (CHIGGIOGNA – MEZZOVICO)

Die Sonne kommt spät in dem engen Ticino-Tal. Also, *im* Tessin mag es ja schön sein, *am* Tessin hat die Idylle doch auch arge Schattenseiten. Dieser nie versiegende Verkehrsstrom hat aus einem beschaulichen Bergtal eine dröhnende Röhre gemacht. Die Pkws fahren mehr oder weniger immer, die Lkws von früh bis spät, die Bahn ersetzt den nachts ausgedünnten Personenzugverkehr durch Güterzüge. Und es wird ja wirklich schon viel auf der Schiene transportiert, jede Menge Container, ja sogar viele komplett beladene Lkws. Aber zum Schlafen sind Ohropax wirklich eine große Hilfe, wenn sie auch nicht alles wegdämmen.

Finde morgens zwei Ohrhänger (wie heißen die Dinger denn?) aus bunten Perlchen, gebe sie bei Abreise an der Rezeption ab. –

Es geht zunächst ganz flott noch so 20 km bergab, mal schnell, mal weniger rasant, auf Asphalt oder Schotter. –

In Giornico zeichne ich eine Kirche romanischen Ursprungs; der Ort war mal geistiges Zentrum des Tessin. –

Vorbei an den ersten Palmen, Feigenbäumen, die Dächer werden flacher, die Häuser höher und bunter – mediterran. Steinbrücken alle paar Kilometer, auch ein aufgegebenes Eisenwerk. Den Tessin kreuze ich öfter mal. Bald ist der Talgrund erreicht, das Tal weitet sich, die Berge treten zurück, aber sie erscheinen immer noch steil aufragend und beherrschend. Jetzt sind sie etwa 1000 bis 1500 m hoch und bis oben hin bewaldet – die Esskastanie nimmt zu. –

Nachtrag: in Altdorf gab es oben am Berg Kolkraben zu sehen und zu hören mit ihrem rauhen „Gequorre". Den Tannenhäher habe ich öfter mal gehört, aber nie gesehen. –

Die Sonne vertreibt mich jetzt von meiner vorher noch schattigen Bank inmitten von vier mächtigen, aber gestutzten Platanen neben der Kirche von Moleno. Sie hat außen Fresken, und da

wollte ich mal reinschauen. Sie war aber geschlossen. An der Ostseite gibt es einen Friedhof mit einer alten Grabplatte. Sie gilt einem Familienvater, der keine 50 wurde, und seinen vier Kindern. Die Älteste wurde 14 Jahre alt, die drei weiteren starben alle nach wenigen Monaten. –
Jetzt geht's weiter. Bellinzona liegt so zehn Kilometer voraus. Avanti!
Nachtrag: Seit Jahren habe ich keinen Trauermantel (ein Schmetterling) mehr gesehen. Gestern, bei der Abfahrt vom Gotthard, wo der Wald schon wieder dichter war, erstmals wieder. Wo Wasser fließt, gibt es am Berg Stellen mit wildwachsendem, knallblauem Rittersporn. Und es gibt hier im Tal kleine Seitentälchen, die sind dicht an dicht bewachsen mit Schmetterlingssträuchern. –
Noch mit meiner Freundin telefoniert. Im Saarland ist auch (noch) Sommer. –
Es geht jetzt meist flach durch Wiesen und (viele Mais-) Felder, zuletzt durch Gewerbe- und Industriegebiete. Ein alter Knacker von 72 (dürr, freundlich, bike-gestylt) leitet mich. Bellinzona durchqueren wir durch Randgebiete, danach geht es in den Piano di Magadino, eine 20 km lange Gemüseebene zwischen Bellinzona und dem Lago Maggiore. Aus ihr führt nach Süden heraus die Passstraße zum Monte Ceneri, etwa 340 Höhenmeter auf sechs Kilometer. Der „alte Knacker" hat mit so hohem Tempo geführt, dass ich den Berg gleich zu Beginn erst mal schieben muss. Die ersten Serpentinen sind auch noch gerade so grenzwertig fahrbar, danach hat es einen Radfahrstreifen, und die Steigung wird erträglicher. Der Verkehr allerdings ist höllisch. Wenn das ein Vorgeschmack auf Bella Italia sein soll, na danke! Apropos Verkehr: Nach 1/3 der Steigung erscheint eine Osteria Ronco am Rand, eine recht billig hergerichtete Bude, viele An- und Umbauten, viel Beton. Eine Cola und eine Pause, denke ich. Drei junge Damen hier sind auffallend hübsch, kurzberockt, high-geheelt. Das hätte noch nichts zu sagen. Aber 0,2 l Cola kosten fünf CHF, das sind 3,30 Euro. Gar nicht so „verkehrt". Andere Aussichten interessieren mich eigentlich mehr: von hier oben hat man eine phantastische Sicht auf den Piano di Magadino und weit, weit entfernt im Dunst, aber noch gut zu sehen, auf den Lago Maggiore. –

Nach drei Kilometern, kurz vor dem Pass, muss ich erneut rechts ran. In einer Haltebucht trockne ich mein T-Shirt und erhole mich. Ist das ein Stress! Der Reiseführer hatte was von entspanntem Fahren gefaselt. Diese sechs Kilometer sind das bisher übelste Stück der bisherigen Reise. Ich kann das Treiben hinter mir manchmal im Spiegel nicht mehr mit ansehen: dieses Gerangel um die besten Plätze, dieser Lärm, das bringt mich fast um! Täte es das? Im Geiste formuliere ich einen Beschwerdebrief an „Veloland Schweiz". An einer Baustelle wird es eng: einspurig. Als mich selbst dort noch einer knapp überholt, schere ich so einen Meter nach links aus und blockiere die Spur. Reine Selbstverteidigung! Aber schon nach 200 m, hinter der Baustelle, braust die wilde Jagd wieder los. Apropos Jagd: ein Jeep überholt mich, im Laderaum ein wohl frisch geschossener Hirsch. –

Auf den Feldern fallen mir immer wieder Nebelkrähen auf. Ich dachte, die gäbe es hier gar nicht. –

Ein paar Kilometer hinter der Passhöhe (554 m, ha ha!) finde ich den Campingplatz von Mezzovico, idyllisch ins Tal

Mein Zeltplatz in Mezzovico

eingebettet zwischen hohen, bewaldeten Hügeln, der Autobahn, den Bahngleisen und der Kantonalstraße. Na dann – gute Nacht! Bin heute 75 km gefahren.

Auskunft: Bei Liestal, nicht weit weg von Basel, fragte ich einen Passanten, ob dieses der richtige Weg nach Lausen (das heißt so, ist der Nachbarort) sei. Er schaute angestrengt auf die Karte, bis sich seine Miene plötzlich aufhellte. Er tippte mit dem Finger auf Liestal und sagte: „Das ist Liestal". Er tippte dann auf Lausen und meinte: „Und das ist Lausen!" Er strahlte übers ganze Gesicht. Ende der Auskunft. Danke für die Hilfsbereitschaft!

Sitze auf der Terrasse des Camping-Restaurants (zum Kochen war es mir zu spät; der Aufstieg zum Monte Ceneri war lang). Eine Pizza „quattro stagione" mit Cola, der linke Fuß kriegt einen Eisbeutel. –

Es ist fast zu dunkel zum Schreiben. Nebenan kämpft eine Rosskastanie ums Überleben. Schon fast verdorrt, hat ein dicker Seitenast jetzt noch mal frisch grün ausgetrieben und blüht mit einem Dutzend weißer Kerzen.

DONNERSTAG, 09.09. (MEZZOVICO – LECCO)

Morcote zählt zu den hübschen Orten am Luganer See. Alte und neue Villen, üppige Pflanzen- und Blütenpracht, die Palmen haushoch, Zäune bzw. Hecken aus Bambus, dazwischen diese ganz schlanken, mediterranen Zypressen. – Ich entdecke gerade, dass meine beiden Handrücken Sommersprossen bekommen haben. – In Morcote also sitze ich nun auf der kleinen Seeterrasse eines ebenso kleinen Hotel-Restaurants. Un caffè latte wäre recht. Der Blick fällt auf den See, über 180 Grad Sicht, denn Morcote liegt an einer Landspitze. Möwen kreischen. Im Wasser viele kleine, wenige große Fische. Brot mögen sie nicht, aber die Enten eilen herbei, fressen das Brot und vertreiben die Fische. Eine diesige Wolkendecke überzieht den Himmel, gelegentlich lässt sie Bläue erahnen. Für übermorgen sei „sicher Regen" gemeldet. Ob ich dem Wetter davonradeln kann? So hatte der stramme Gegenwind aus Süden im Piano di Magadino am Lago Maggiore doch eine Wetteränderung im Gepäck? –

Vista sul lago di Lugano die di Morcote

Hatte heute Nacht einen Traum. Ich war Lehrer an einer Schule. Ich hatte weder Vorbereitungen noch Schulsachen bei mir. Schon vor Unterrichtsbeginn war in einem benachbarten Wirtshaus eine Schlägerei zu schlichten. Danach musste ich aus irgendeinem Grund zwei Schüler duschen. Ich hatte je einen rechts und links schon eingeseift unter den Arm geklemmt. Den einen habe ich erkannt, ein Ehemaliger meiner Schule. Komme nicht auf seinen Namen. Noch bevor die Dusche vollzogen wurde, floh ich zum Bahnhof, setzte mich ohne Geld und Fahrkarte in einen Reisezug. Der ging, glaube ich, nach Paris. Ich war in auswegloser Lage, aber zufrieden. –

Tessiner Weinlaube:

Die tragenden Säulen bestehen aus einem grauen, quarzhaltigen Stein, der hier gebrochen wird (jedenfalls am Ticino). Es handelt sich um Steinplatten, die drei bis vier Meter lang sein können, so etwa 25 cm breit, aber nur so acht, höchstens zehn cm dick. Wirkt filigran. Ist es auch stabil? –

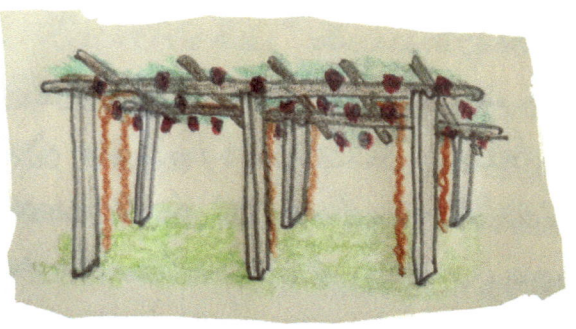

11 km Seepromenade liegen hinter mir, 12 km erwarten mich noch. Einen Caffè latte hat es nicht gegeben. –

Hat es doch! Der Kellner hat mich beim Weggehen wahrgenommen. Nettes „Gespräch" (nella lingua italiana) über das Autofahren an sich und in Italien im Besonderen. Er sagt, beim Autofahren habe er immer Angst, geschweige denn beim Radfahren.

Oggi, 9.9., 15.20 Uhr: sono in Italia, à Como!

Nicht im Koma, aber nicht so ganz weg davon.

Hier in Grenznähe wurde der Verkehrsraum noch mal ganz eng. In Mendrisio (kurz vor Chiasso) werde ich ein letztes Mal auf dem Schweizer Radweg Nr.3 stramm bergauf geschickt. Oben mache ich an einer Friedhofsmauer (steinerne Bank, Brunnen an der Außenseite) Mittagsrast. Dann beginnt ein aufregendes Suchspiel: „Such' den Radweg!" Er führt kreuz und quer durch Parks, durch Kirchenhöfe, Parkplätze bis zum Bahnhof Chiasso. Hier endet der Radweg Nr.3. Ciao, strada di ciclisti numero tre. Finito l'amore!

Am Zoll winkt man mich durch. Gleich am Comer See will ich mein Zelt aufschlagen. Es ist heiß, zu heiß. Ich kann und will nicht mehr. Der Ort heißt Cernobbio. Kommt mir irgendwie bekannt vor, weiß aber nicht, woher.

Also Rom, das ist so eine Sache. Ich habe ausgerechnet: bei 70 km/Tag und sechs Fahrtagen pro Woche wäre es gerade so möglich, Ende des Monats dort zu sein. Da aber immer etwas bremst, hüllt sich die „Ewige Stadt" für mich – vorerst? – in Nebel.

Dies schreibe ich in einer „Bar" in Como mit einem Cappuccino. –
Am gleichen Abend, in der „Bar" des Campingplatzes „Le due laghi" bei Lecco, gegen 20 Uhr:
Draußen ist es schon fast dunkel. Es sieht nach Regen aus, die Schnaken sind zudringlich. Mein Enthusiasmus aus Como ist restlos aufgebraucht. In Cernobbio, so eine halbe Stunde Fahrt von Como, gibt es keinen Campingplatz, bloß weiter im Norden, so 40 Minuten. Will ich aber nicht, will ja nach Süden bzw. Südosten. Bei Erba gäbe es den nächsten Campingplatz. Das sind noch mal 15 km. Das allein ist es nicht. Die Aussicht, mein ganzes Zeug mal ordentlich zu trocknen, einzutauschen gegen weiteres Fahren ohne den gemütlichen Ausklang auf einem lauschigen, kleinen Platz mit Kochen, Duschen, Lesen und Schreiben in Ruhe, das ist schon ein Schlag. Und der nächste folgt sogleich: aus Como heraus steigt die Straße an, ziemlich mühsam das Ganze. Ein Schild mahnt, bei Schnee Ketten aufzuziehen. Wo führt die Straße hin? Zurück in die Berge? Ich zweifle: soll ich umkehren, mir in Como ein Zimmer nehmen? Es soll ja sowieso Regen geben. Ich fahre weiter. In einem Supermarkt kriege ich auf die Frage, ob es noch lange bergauf geht oder ob es noch weit bis zum Campingplatz in Erba am Lago di Puisano ist, eine Autofahrerauskunft. Sagen wir zwei- bis dreimal so weit, und ich bin in Erba, finde aber kein Campingschild mehr. Ein Passant weist mir eine Abkürzung. Gleich drauf frage ich erneut in einer Autowerkstatt: „Il campeggio era vecchio e rotto, è chiuso." (Der Campingplatz war alt und vergammelt, er ist geschlossen.) Was nun? In Lecco gäbe es alles, Camping, Herberge, Zimmer, so 12 km nochmal, aber flach. Nach sechs Kilometern geht die Straße in eine Autobahn (oder Schnellstraße) über. Für Fahrräder gesperrt! Seitlich gibt es einen asphaltierten Pfad, dem ich folge bis hierher, zu einem veritablen Campingplatz. Familiär geführt, etwas angegammelt, von fünf Wasserhähnen tropfen bzw. laufen ständig drei. Von zwei Duschen bringt eine kein Wasser. Zum Duschen und zur T-Shirt-Wäsche reicht es gerade noch nach dem Zeltaufbau. Ich esse im Bistro „Penne al salmone". Die riechen nach Fisch und – nach fünf Minuten serviert – nach Mikrowelle. Zwei Cola dazu. Die Achillessehne kriegt vom Padrone Eis.

Bin heute – gezwungenermaßen – 90 km gefahren und hatte mich so gefreut, nach nur 50 km meine Durchquerung der Schweiz etwas genießen zu können!

Was ich vergessen hatte: bei den beiden von mir zunächst avisierten Plätzen handelt es sich um solche, die in der ADAC-Karte von Italien eingezeichnet sind. Jetzt muss ich auch noch der Karte misstrauen.

Der Fehler an meinem Federelement hat sich zunächst als klapperndes Schutzblech herausgestellt. Ich bin wohl ein toller Experte. Aber der Ölverlust ist deutlich, und seit heute abend scheint die Federung etwas in die „Knie" zu gehen. Noch was: Diese blöde ADAC-Karte zeigt außer falschen Campingplätzen auch keine Steigungen an. So ein Mist! Muss zusehen, dass ich an einem Fluss entlang in die Po-Ebene komme.

FREITAG, 10.09. (LECCO – ORZINUOVI)

Genug, genug. Über 65 km bisher. Mittagspause. Es läuft. Sicherlich profitiere ich noch von den erworbenen Höhenmetern. Anfangs noch ein paar Hügelchen nach dem Lago di Lecco, von dem ich wenig sehe. Die Ufer sind zugebaut. Ab Ausgang Bergamo flacheres Geläuf. Die letzten Alpenausläufer bleiben im Dunst zurück. Es öffnet sich weites Agrarland, durchzogen von jeder Menge Gewerbe und Industrie. Viel Lärm, viel Dreck. Italien: la povera bella! Von Siesta auf der Piazza keine Spur. Hektik überall. Ich fahre auf Landstraßen. Diese hier sollte eine Landstraße 3.Ordnung sein. Der Verkehr ist höllisch. Es gäbe, sagt mir ein Passant, keine Straße in Italien mehr mit wenig Verkehr. Außer vielleicht die Feldwege. Ich folge jetzt dem Fluss Sério, werde in Crema nach Osten an den Oglio abbiegen, der mich dann – morgen – zum Po bringen wird.

Schreibe dies in einer Bar 20 km vor Crema.

Was für eine Nacht. Spät abends entstehen unvermittelt heftige Sturmböen. Blätter und Äste fallen aufs Zelt. Leider stecken die Heringe nicht allzu tief im steinigen Boden. Ein eifriger Holländer hämmert nachts um elf Uhr herum noch kräftig. So plötzlich wie sie entstehen, hören die Böen wieder auf. Am Morgen ist das Zelt

Mein Zeltplatz vor Lecco, abends

ganz trocken. Gefällt mir nicht. Packe frühzeitig, frühstücke in der Bar. Dort will ich Tagebuch schreiben, da verwickelt mich ein älterer Mann in ein Gespräch: er sei früher selber Rennrad gefahren, sei Fernfahrer gewesen, habe Flüssiggas transportiert. Maurer konnte er nicht werden wegen seiner operierten verkrüppelten Füße … Ich komme erst spät weg.

Man kassiert für diesen Gammelplatz doch tatsächlich 14 Euro! Was ich auch nicht bedacht habe: hier in Italien ist bereits das Saisonende in Sicht. Dieser letztere Platz schließt am 19.9. Da kann es mir passieren, dass ich noch öfter vor verschlossener Türe stehe.

A propos: Die Aktion mit dem Plakat, auf dem ein auf dem Dach liegendes Unfallauto zu sehen ist mit dem Kommentar „Helft Rasern! Spendet Hirn!" gibt es auch in der italienischen Schweiz. Gleiches Bild, Text:"Pirati della strada! Reflettete!" Auf wessen Schlips hat man nicht treten wollen?

Tiere: auf dem Campingplatz „Palazzo" in Mezzovico entdecke ich anderen Morgens im Tee der Trinkflasche einen Ohrwurm,

der um sein Leben schwimmt. Wie kommt der da rein? Weiß es nicht, erfahre es aber, als ich noch Wasser für den Tag auffüllen will: aus dem Wasserhahn im Freien quellen, wenn man kräftig aufdreht, so'n halbes Dutzend Ohrwürmer. Der dickste ist mausetot. Und das Wasser habe ich getrunken! Mahlzeit!

Das passt dazu: ich habe gerade eine wunderbare Pizza Capricciosa mit einem schnöden Cola hier in den Innenhof „meines" Hotels „Lo Châlet" bestellt. Hübsch gemacht. Schilfmatten an den Seiten wegen der Optik, davor Schilf, Lorbeer, ... in großen Kästen und Kübeln, vor dem Hoteleingang große Palmen, Fächerahorn und Lorbeer, auch in Kübeln wie auch zur Straße am hohen, schlichten, schmiedeeisernen Gitter. Der Boden leider mit Kunstrasen, darüber sechs große Marktschirme in weiß. Aus dem Lautsprecher dudelt arabische Musik, na ja.

Dieses Orzinuovi ist so hübsch. Es gibt so viel zu sehen! Die Piazza, mit Kieseln gepflastert, mit vier Reihen Platten „per le macchine", umgeben von recht kleinen Häuschen, überall kleine Geschäftchen, auch noch bis in die Seitengassen. Und die Piazza lebt! All das, was ich bisher so vermisst habe. Zu diesem kleinen Hotel habe ich mich durchgefragt. Kostet 40 Euro, aber was soll's?

Campeggio war mal wieder nicht. Bin froh, dass ich das hier habe. Das Rad steht im Keller, sicher. Habe die Gelegenheit benutzt, etwas mehr Wäsche zu waschen, die Trinkflaschen zu desinfizieren; so eine Art mittlere Inspektion. Nach kurzem Ruhen raus. Die Piazza will ich morgen früh malen. Habe

mit meiner Schwester telefoniert; meine Tochter ist dort, da ist alles klar. Ich telefoniere aus einer Bar, die Zelle ist kaputt. Der cameriere meint, ich bräuchte weder Münzen noch Karte, ich bezahle „dopo" (später) anhand von Einheiten. Ich zahle wohl auch „doppio" (doppelt). Werde fast 12 Euro los.
Habe heute (Freitag!) vergessen, Travellerchecks einzulösen. Jetzt muss ich zum zweiten Mal auf dieser Reise zum Bankautomaten. Das kostet jedes Mal ordentlich Gebühren.
Der Vorteil der Landstraßenfahrerei: klare Langstreckenverbindungen, Asphalt; Beschilderung ist halt für Autos. Bin heute 106 km gefahren. Unterwegs fällt mir Mezzanica auf: hübsch gestalteter Ort, Springbrunnen, ein Mühlrad, das sich wieder dreht, hübsches Kieselstein-Pflaster, Radwege und – Radler. Jede Menge, jedes Alter. Echt auffällig.
„L'addizione" versteht die Kellnerin nicht, sie will es „il conto" nennen. Weiß ich da was Falsches?

SAMSTAG, 11.09. (ORZINUOVI – MANTUA)

Ich musste versuchen, diesen Platz zu zeichnen. Und dieses Leben! Eben italienisch. Einer alten, etwas verwirrten Frau spendiere ich einen Kaffee. – Das wollte ich gerade, da steht sie einfach auf und geht. Die Einheimischen drum herum bedeuten mir, dass die Alte nicht normal sei. Ich ergänze, dass aber eben dies für jeden von uns normal werden könne.
Ich sitze in einem kleinen, verlassierten (saarländisch für „vernachlässigt") „Park" in Caneto sull'Oglio, gut 30 km bis Mantua. Das werde ich wohl heute erreichen. Der Himmel ist etwas dünn bezogen, es ist aber warm und regnet nicht. Heute, am Samstag, radelt es sich ohne Lkws und Alltagsverkehr recht gut. Deswegen werde ich auch morgen nicht ruhen, sondern nach Padua fahren. Von dort ist es keine Tagesetappe mehr bis zur Adria, zum Lido di Venezia, wo ich dann den Ruhetag einlegen will. –
Die Po-Ebene ist vor allem eben und monoton. Viel Mais, ein paar Dörfer eingestreut und dazwischen die riesigen Verwertungsfabriken. Die Maisernte ist im vollem Gang, auch heute. Die Maiskörner liegen überall auf den Straßen – noch – rum. Die

Tiere kommen mit dem Wegfressen wohl zur Zeit gar nicht nach. Reis habe ich übrigens noch nicht gesehen. Von einer hohen, gelb blühenden Pflanze habe ich mal Samenkapseln mitgenommen. Mal sehen, ob sie bei uns zu Hause wachsen. – Abschnittweise krabbeln auf den Straßen so vier cm lange, schwarze Räupchen, ganz in längere, weiße Haare gehüllt. Sieht apart aus, aber wo sie vorkommen, da gibt es auch total abgefressene, mit Gespinst überzogenen Bäume, die nichts Grünes mehr zeigen. –

Mehrfach habe ich Baumschulen gesehen, die große, ältere Bäume in riesigen Bottichen anbieten: Lorbeer, Oleander, Olivenbäume, Gummibäume. – Eben fährt ein alter Mann auf einem klapprigen Damenrad mit beladenem Anhänger hier vorbei. Der Hänger ist „mit'm Stück Sweisdraht am Gepäckträgä festgetütelt". Und denn ist das gut! Siamo in Italia.

Ein anderer Alter mit ähnlichem Rad – klappert fürchterlich – fährt vor mir. Ich denke, dass der mich ja nicht hört, und wenn

der jetzt einfach so nach links fahren würde ...In dem Moment, wo ich zum Überholen ansetze, tut er's! Ich kann gerade noch ausweichen. Trägt der Raum die Information? Rede noch mit einer alten Frau und dann geht's aber weiter. Irgendwann lande ich mal wieder auf einer Landstraße, die so lange gut zu fahren ist, weil sie einen Seitenstreifen hat. Die letzten 15 km bis Mantua muss es so gehen. Die Gassen und Plätze sind voller Menschen. Ich muss mich und das Rad durchschieben. Wie soll ich hier ein Quartier finden? Würde mich eigentlich noch gerne ein wenig unter's Volk mischen, aber erst mal duschen und essen! Warum ich kein Quartier finde wird gleich klar: in Mantua findet zur Zeit ein Literaturfestival statt: alle Betten ausgebucht! Auch am Bahnhof – igitt! – gibt's nichts mehr! Ich muss aber nicht weit fahren (mit Blinklicht, es wird duster), da finde ich im Nachbarort das Hotel „Peter Pan", zwei Sterne, nur noch Doppelzimmer, statt 80,- Euro kostet's 70! Immer noch teuer genug! Das Zimmer ist so weit o.k., aber die Flure und Nebenzimmer, na ja! Zum Telefonieren wird das Überqueren der Hauptstraße zum riskanten Geduldspiel. Und die Karte für 5 Euro ist ruck-zuck auch leer. Es gibt noch ein paar Penne (Penne amatriciana: mit Speck, Zwiebeln, Tomaten, Chili) mit Sugo und Schinken. Hoch ins Zimmer zur Eisbehandlung der Blessuren. Linke Achillessehne, rechtes Knie: beides hat sich verschlimmert. Jetzt gehe ich zusätzlich noch mit Sportsalbe dran.

Im Restaurant herrscht ein Höllenspektakel: der Fernseher läuft auf Hochtouren. Wie in französischen Bars! Apropos Fernsehen: Berlusconi hat alles gut im Griff. Neben extrem flachem Gewäsch, total künstlich, werden Verkaufssendungen präsentiert, von jungen, vollbusigen, offenherzigen „Schönen", auch Sport-/Fußballsendungen. Und: wenn es um Nachrichten geht, überwiegt die Panikmache vor Terroristen und das Festhalten an Bush. Diese Sorge teilen mir auch die Menschen mit; die Berieselung wirkt also. –

Auf italienisch beginnt eine Internet-Adresse mit „wu-wu-wu"! – Heute früh im Café in Orzinuovi beobachte ich eine Gruppe Jugendlicher (Männer), alle „uniformiert", schwarze, lange Hose, kariertes Hemd, Haare in alle Richtungen gegelt, aber kurz, alle mit schwarzer Sonnenbrille. Einer fällt besonders

Heißt jetzt Hotel „Peter Pan"

auf. Der Gockel ist furchtbar laut „Ciao, Franco!", dass es nur so schallt. Über Frauen wird gemeinsam gelästert, von Ernsthaftigkeit keine Spur. Werden diese Muttersöhnchen und Müßiggänger irgendwann erwachsen? Scheitern an diesem Gehabe so viele Beziehungen in Italien? Und die Frauen? Sie passen sich an, sind das faule, verwöhnte Püppchen, das die Jungen anmacht. So weit weg von der Wirklichkeit! Kein Wunder, dass die jungen Männer so rasen. Die Plastikblumen, Schals, Kreuze und Bilder am Straßenrand haben mit Besinnung nicht viel zu tun, eher sind sie ein Teil des Systems. Die Straßengräben liegen übrigens voller Müll, viel schlimmer als in Deutschland und erst recht in der Schweiz. –

Ich fühle mich heute Abend nicht gut, als ob ich erhöhte Temperatur hätte. Kann man das Wasser aus dem Hahn auch hier schon nicht mehr trinken?

## Sonntag, 12. 9. (Mantua – Nogara)

Das ist die Piazza Sordello mit dem Dom und vielen anderen antiken Bauwerken. Es ist früher Morgen, die Piazza fast leer. Ich bin früh dran. Bin ohne Frühstück los; das gibt's im „Peter Pan" erst um halb neun. Aber es gibt ja Bars genug – ein Cappuccio, ein Croissant für 1,95 Euro. Die Stadt schläft noch weitgehend, auch der Moloch „macchina". Wo gestern Abend kein Durchkommen war, herrscht heute gähnende Leere; die ersten Touristengruppen finden sich hier auf der Piazza ein. Vor der Touristeninfo ragt eine 20 m lange „coda" (Warteschlange) auf die Piazza. Im Hotel gab es einen Stadtplan. Ob ich den mitnehmen könne, quittiert der Senior – wie bisher immer – mit grantigem Brummeln. Schwarze, lange Hose, hellblaues Hemd mit kurzem Arm. Er serviert auch, mit dem Charme eines Henkers und der Stimme von Adriano Celentano. Kleines Kotzbröckchen, was? Habe ihn nie lachen sehen. Doch, aber nur einmal, da hat er ein bambino gedrückt. –

Unter all den Sehenswürdigkeiten habe ich mir mal gerade einen Überblick verschafft. Palazzo Te, Piazza dell'Erbe mit Basilika und Kaufmannshäusern, und jetzt die Piazza Sordello mit Dom, Castello di San Giorgio und Palazzo Ducale. Die Innenstadt ist autofrei, na ja, jedenfalls die Piazze, und um die recht handliche Stadt verläuft ringförmig ein Radweg, an den drei Seen entlang, die die Stadt weitgehend umgeben und wohl auch schützten.

Es regnet. Ich will nicht undankbar sein. Zwei Wochen bin ich sehr gut durchgekommen. Und seit vorgestern hatte ich hier in der Po-Ebene eigentlich heftigen Wind von Osten. Der hätte mir doch, wenn er mich schon bremst, den Regen von Westen abhalten können. Aber es wurde dann von Tag zu Tag hinter mir dunkler als es nach vorne war. Jetzt, hier in Nogara, so 40 km östlich von Mantòva, hat der Ostwind aufgegeben und dem Landregen Platz gemacht. Den ersten Tropfen ignoriert man noch, der zweite irritiert und beim fünften resignierst du. Möge es regnen, aber nicht so lange! Sitze unter der Markise einer Bar, der Blick fällt nach Westen ins Schiefergrau. Eine reine Männerkultur hier. Der Wortführer wippt nervös mit der Fußspitze des übergeschlagenen Beins, im Gesicht die Blindenbrille. –

Dabei hatten gestern die ersten und heute früh weitere Zikaden das Meer angekündigt. Außerdem habe ich so zwei Dutzend Seiden- oder Silberreiher (weiß es nicht genau) gesehen. –

Mit dem Wetter sieht es besser aus. Von Westen wird es heller, und es regnet auch nicht mehr. Es ist jetzt vielleicht so 18 Uhr. Es geht mir wieder – wie gestern – nicht gut; leichte Temperatur. Ab morgen nur noch Wasser aus Flaschen. Das Wasser aus dem Dorfbrunnen hier in Nogara könne man auf jeden Fall trinken, sagt ein Passant, der sich große Glasflaschen davon abfüllt. Noch einer macht das später auch. Ich werde es nicht trinken. Es riecht irgendwie schweflig. Nicht weit weg von hier sind ja auch diese Heilbäder Abano Terme, Battaglia Terme, Montegrotto Terme. Schreibe im Hotelzimmer. Habe geduscht, gewaschen und geruht. Mein Zimmer geht leider zur Straße. Da ist nicht so viel mit Ruhe. Das Hotel „Antico Albergo" liegt gleich um die Ecke der Bar. – Der Himmel hat blaue Flecken. – Ich friere etwas. Hoffentlich gibt sich das. –

Mein letztes Paar dünne Socken ist jetzt auch zerrissen. Habe jetzt nur noch ein Paar, ein dickeres. –

Tja, das sieht im Moment nicht gut aus. Dabei hatte ich mir ausgerechnet, dass es wirklich bis Rom reichen könnte. Ich habe ja nicht geahnt, dass, was die Wasserqualität angeht, gleich hinter Chiasso der Orient beginnt. Ich dachte, Nord-Italien so bis Rom sei recht sicher in dieser Frage.

Im Moment scheint wieder die Sonne. Ich gehe raus zum Telefonieren.

Pizzastück und für den Kreislauf zwei Cola an der Bude: sieben Euro. Das Zimmer kostet 35 Euro. 41 km bin ich heute gefahren.

MONTAG, 13.09. (NOGARA – MONTAGNANA)

Nach zwei Paracetamol geht's mir besser. Habe heute Nacht auch geschwitzt. Das Wetter sieht gut aus. Wohl feucht, denn heute Nacht war dichter Nebel, aber jetzt (gegen halb neun) von Osten her aufgehellt. –

Ich habe gestern bei einer Frage nach dem richtigen Weg (so eine unvollständige Landkarte gibt doch immer auch Gesprächsanlässe, auch nicht nur schlecht) eine Einladung – meine erste auf dieser Reise – zum Fischessen ausgeschlagen. Darf man das auf dem Balkan? Die Leute hatten so einen Verkauf von Landesprodukten, der vielleicht mit der Zeit in ein Gewirr von Schuppen, Räumen, Überdachungen, Lagern (saarländisches Modell) ausgeufert ist. Am Ende hätten die mir auch noch einen Kürbis geschenkt! Oder einen Zopf Knoblauch!! –

Wie die Kirchenglocken hier die Zeit ansagen, ist mir nicht ganz klar. Also die Viertel werden nicht geläutet. Die Stunden werden einfach so viel mal angeschlagen. Ohne Vorankündigung, alle Schläge dieselbe Glocke. Wo der Campanile zu alt dazu ist, werden die Glocken vernachlässigt, d.h. von Tauben verschissen, und daneben hübsch auffällig hellgraue Lautsprecher montiert. Und die Sommerzeit machen sie nicht mit, jedenfalls nicht die alten Glocken. Um acht Uhr schlägt es sieben Mal. Basta!

Mittagspause in Albaredo d'Adige. Un Cappuccio, gelati al limone, zwei davon in die Trinkflaschen. Dort mischt es sich mit Grapefruitsaft, den ich dann noch verdünne. Mit diesmal gekauftem Wasser.

Habe mir im Angebot drei Paar dünne Socken gekauft, so welche ohne Schaft, „al uomo di fantasia". Erlebnis Bank: Eintritt nur einzeln durch eine runde, gläserne Schleuse. Dicke haben keine Chance. Zieh' deine Nummer, setz' dich hin, warte. Das Mädchen – na ja, junge Frau – ist mit meinem Anliegen, Travellerchecks zu tauschen, überfordert. Der ältere Kollege, so Ende 40, übernimmt mit väterlicher, souveräner Geste. Wo in meinem Ausweis der Familienname steht, weiß er nicht. Jetzt spricht er mich mit „Signor Josef" an und wundert sich, dass ich ganz anders unterschreibe. Für drei Schecks berechnet er mir – unberechtigterweise – so sieben Euro Spesen. Er habe in der Angelegenheit telefonieren müssen. Clever – er lässt sich für seine eigene Inkompetenz bezahlen. Anderes kann ich ihm nicht klarmachen, werde zu Hause reklamieren. –

Unterwegs fallen lange Sattelschlepper auf, die gesamte Ladefläche gehäuft voll Tomaten. Auf den Feldern liegen noch Hunderte, Tausende und faulen. Reis habe ich immer noch keinen gesehen. –

Aus Nogara raus finde ich den nächsten Ort noch, aber dann ... hin- und hergeschickt, kreuz und quer. Die eine Strecke sei zu kurvig (!), die andere bergig (vor Padua?, 800 m hoch?). Unsinn, oder? Wichtig an Albaredo: ich überquere die Etsch. Mir war gar nicht klar, dass die Etsch nicht in den Po mündet. Die ist ganz selbständig. Jetzt geht's von hier nach Köln (Cologna Veneta), noch 60 km bis Padua.

Ich zeichne nichts, weil es nichts Auffälliges zu zeichnen gibt.

Am Abend: was ich mittags noch geschrieben habe, ist abends so was von falsch. Ich habe Montagnana, eine mittelalterliche Stadt, gefunden. Sie lag einfach am Weg. Einen Hinweis darauf habe ich nicht gesehen. So etwas Tolles! Für mich vergleichbar mit Carcassonne. Eine noch vollkommen ummauerte Stadt mit Toren und ein paar Dutzend Wehrtürmen, das meiste in Backstein. Alles in Renovierung begriffen, an etlichen Stellen wird gearbeitet, was auch nötig ist. Ein paar Häuser sind schon wirklich hübsch. Und das beste: einer der Wehrtürme ist eine Jugendherberge!

Habe zwar „erst" 62 km, aber hier muss ich bleiben! Bin einziger Gast in einem Achter-Zimmer fast ganz oben im Turm,

100 Stufen hoch. Essen muss ich mir zum Glück mal wieder selber machen; ich hab' noch so viel Brot. Jetzt hier auf der Piazza mit meiner Freundin einen Cappuccio .... das wär's!!

Meine Infektion scheint heute Abend wiederzukommen, mit Fieber, wackeligem Gefühl ... Paracetamol!

Ostello della gioventù in Montagnana

Die Sparkasse hat das schönste Haus an der Piazza

DIENSTAG, 14.09. (MONTAGNANA – VÒ)

Im Burghof sitzen, auf einer Bank, an einem runden, großen Stein, vielleicht einem Mühlstein, der Kaffee im Topf dampft schon, die Tauben, die jede Nische im Mauerwerk markieren, gurren um die Wette, dazwischen fiepen die Jungen, zwei Katzen dösen unter den Bäumen – Linden, Platanen, Ahorn –, passen beide zusammen in meine Katze „Mobbes" hinein. Außer Kaffee gibt es Ciabatta antigua – wohl vier Tage alt, heute wird es verbraucht – und einen Müsli-Riegel. Trotz zweier Paracetamol habe ich schlecht geschlafen und gut geschwitzt. War zeitweise wach, Fenster auf – zu kalt, Fenster zu – zu stickig. Hoffentlich geht das bald vorbei. Als Türmer hatte ich übrigens ein sehr gutes Ohr für das, was tief unter mir geschah: tief in der Nacht endet gegenüber wohl eine Feier. Die Letzten verlassen das Schiff, grölend und rülpsend. Ich öffne mir das Fenster zur anderen Seite. Das häufige Gewittergrollen in der Nacht muss wohl ein naher Flughafen gewesen sein.

Edding auf der Marmorbank, auf der ich sitze: zwei ineinander gehende Herzen mit den Buchstaben M und P mit der Inschrift darunter:

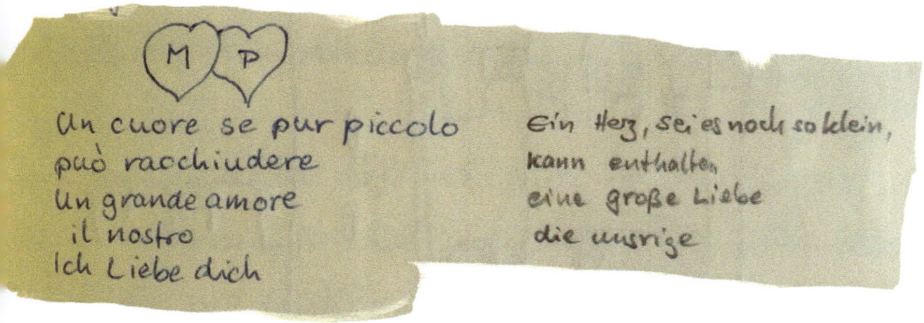

> (M P)
> Un cuore se pur piccolo
> può racchiudere
> Un grande amore
> il nostro
> Ich Liebe dich
>
> Ein Herz, sei es noch so klein,
> kann enthalten
> eine große Liebe
> die unsrige

So isses!

Zum Aufstehen im Turm gab es irgendein Zeitlimit. Irgendwann, schon beim Aufstehen, höre ich ein hässliches, klirrendes Rasseln. La sveglia (der Wecker). Hätte jedem Burggeist zur Ehre gereicht. Auf meine Frage, ob ich zu spät sei, antwortet der kleine, graue Signore:"No,no, va bene, è giusto!" Beim Frühstücken kommt er aber dann, bittet mich, nach Verlassen des Geländes die Tür ins Schloss zu ziehen und entschwindet. Italienische Höflichkeit.

Der Ort zeigt Selbstbewusstsein. Ein Plakat kündigt für die ersten drei Oktobertage eine „fiera" (Jahrmarkt) an. Die Attraktionen, da könnte man vielleicht noch leichte Korrekturen anbringen:

| | |
|---|---|
| Mostra degli Animali | Tierschau |
| Attrezzi e Macchine Agricole | Bäuerliche Geräte und Maschinen |
| Piante e Fiori | Pflanzen und Blumen |
| Degustazione Prodotti Tipici | Probieren typischer Produkte |
| Mestieri di Ieri | Handwerk von gestern |
| Spettacoli ed Intrattenimenti | Vorführungen und Unterhaltung |

Im Gemüseladen lässt sich eine Frau so um die 60 ihren Einkauf in ihre mitgebrachte Plastiktüte packen. Darauf: ein eng umschlungenes Paar und die Aufschrift: „Intima Shop". –
Ich sitze fest. Ungünstig. Es ist eine über Mittag geschlossene Esso-Tankstelle. Die haben, auch wenn offen ist, nichts zu trinken oder ein Eis. Es regnet. Besserung noch nicht in Sicht. Bin spät aus Montagnana weg und habe gerade die Nebenstrecke nach Teolò und Abano Terme gefunden. Da wird die graue Verheißung aus dem Westen wahr. Hatte noch geglaubt, ihr in Richtung Küste entgehen zu können. Aber die geradlinigen West-Ost-Verbindungen sind Hauptstraßen. Über Nebenstraßen führt man so Zickzack, da steht's mit dem Vorankommen nicht so gut. Also eine Zwangspause bei Esso.
Plakat an der Tankstelle:
Sei felice di essere un automobilista, vero? (Du bist glücklich, ein Autofahrer zu sein, stimmt's?) (Es folgen Prämien für Punkte - Bollini)
Esso – Automobilisti Premiati (ausgezeichnete Autofahrer)
Siamo automobilisti come te (wir sind Autofahrer wie du)
Seit gestern Nachmittag steigen aus dem Dunst der Ebene im Norden immer deutlicher Hügel, Kuppen und Höhenzüge auf. Und schon nach Teolò hin würde es steigen. Bin mal gespannt. Es sind recht hohe, aber gleichmäßig geformte Kegel.
Unterwegs: eine Wäscherei (?) wirbt mit dem Slogan: „Pulitosecco – New Sistem". –
Heute läuft's – vom Himmel. Zur Zeit Regen – 2.Teil. Bis Padua fehlen noch 25 km über einen gut 200 m hohen „Pass" in Teolò. Es handelt sich um die „Euganäischen Hügel",

vulkanischen Ursprungs, sagt jedenfalls der Tankwart. „Da musst'de ganz scheen trabbn!" Er hat mit seiner Frau in Augsburg gelebt, über 20 Jahre, und jetzt betreiben sie diese Tankstelle. – Von Esso weg, komme ich nicht weit. An einer Unfallstelle werde ich vom Überholverkehr durch ein Glassplitterfeld gezwungen. Nach 300 m – finito l'amore: Der Vorderreifen ist platt! Ein alter Mann lässt mich in seinen Hof, zum Reparieren. Ich tausche Schlauch und Decke. Nur meine Pumpe wirkt etwas schwach. Die Uralt-Pumpe des alten Ehepaars bringt auch nur einen Minimaldruck, mit dem man gerade so – mühsam – fahren kann. Bis zu dieser Tankstelle. Ich kriege ordentlich Druck in den Reifen, eine Regionalkarte, ein Eis und natürlich einen Cappuccio. Es tröpfelt, und das Tankstellen-Ehepaar meint, es sei noch mehr Regen gemeldet. Wäre ich doch schon in Padua oder gar in Venedig! Gäbe es doch einen ordentlich Schutt – und fertig! Aber nach meinen Wünschen geht das ja nicht. –

Habe letzte Nacht von Pelle, dem Hund meiner Freundin, geträumt. War mit ihm allein im Wald unterwegs, er voraus, einer Gruppe anderer Hunde nach. Ich musste steil und weglos erst mal auf diesen unteren Weg absteigen. Was aus der Situation geworden ist, weiß ich nicht. Ich träume so viel!

Duplizität der Ereignisse: die alte Signora von dem Haus, wo ich meine Reifenpanne behoben hatte, bietet mir als Souvenir einen Liter selbstgemachten Wein an. Ich hoffe, ich konnte freundlich genug ablehnen. –

Das erste Sandwich "una tramezzina" (dreieckiges, käsebleiches Brot, in der Mitte Thunfisch und Zwiebeln, kurz in der Mikrowelle) wird gefolgt vom zweiten mit Spanferkel. Lecker.

Es regnet seit zwei Stunden andauernd und kräftig, jetzt ist es halb sechs durch, in zwei Stunden schließt die Tankstelle. Mein Fieber meldet sich wieder, und jetzt donnert's auch noch. Wie schnell man unterwegs per Rad in die Bredouille kommen kann. Es ist ungemütlich und kühl geworden – herbstlich. Pulli – lange Hose.

nur(?) ein Schornstein

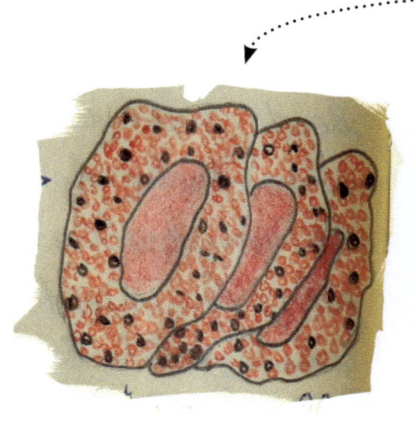

MITTWOCH, 15.09. (RUHETAG AUF DER AZIENDA)

Ist es dieser Wechsel von Höhen und Tiefen, körperlich wie emotional, dieses Auskosten und Fühlen bis fast ganz nach oben und ebenso tief nach unten, was mich diese Radreisen als so erlebnisreich, als so wertvoll erscheinen lassen? Ist das Erleben wirklich intensiv oder lebt es nur aus meinem subjektiven Befinden? Ist das Positive deshalb so toll, weil's mir gerade mal nicht so gut ging? Es ist jetzt so ca. 13 Uhr. Ich sitze an einem Holztisch auf der überdachten Terrasse einer Azienda Agricola. Sie heißt „Bacco e Arianna". Hier arbeiten, so was ich sehe, wohl so ein halbes Dutzend Menschen. –

Rückblende: Gestern Abend bei TAMOIL (an der Tankstelle). Ich entscheide mich, heute nicht weiterzufahren. Habe mich schon vorher bei dem Tankstellenehepaar erkundigt, ob es hier in Vò Zimmer gäbe. Tja, meint ein jüngerer Tankwart (hier gibt's Benzina con servicio), vielleicht bei Bacco e Arianna. Nachdem es sich einregnet, Blitz und Donner dazukommen, lasse ich mich vom Chef hierher fahren, im strömenden Regen. Wie kriegt man denn bloß die beschlagenen Fenster frei? Der Fahrer fährt halb blind. Als er hier in den Hof reinfährt: wie ist das möglich, so schön, so nah?

Mich begrüßt ein junges (Ehe-?) Paar, das hier wohl so ein wenig das Sagen hat. Beide sprechen deutsch, er besser, hat bei

Wiesbaden Weinanbau studiert, und jetzt produzieren sie hier auf 15 ha Öko-Wein, außerdem Honig, Konfitüre, Prodotti Casalinghi und – meine Güte – was für einen Schinken! In der Mitte ist ein Strang vollkommen mageren Schinkens, umgeben von Salamimasse mit Pfefferkörnern, alles im Naturdarm geräuchert. Auch die anderen beiden Sorten: formidabel. Dazu ein paar Scheiben Ziegenkäse, wohlgemerkt, alles hier vom Hof. Freilich haben die einen Räucher- und einen Steinbackofen. Die Küche sei eigentlich geschlossen, Restaurantbetrieb nur am Wochenende. Und dann serviert die Signora mir solche Delikatessen! Und dann das Zimmer. Also sie haben hier insgesamt 24 Betten in verschieden großen Einheiten. Ich bekomme ein Mini-Ferienappartement mit Doppelbett, eigenem Bad/WC, Küchenzeile (!), Tisch, Stühle, TV. Ach so, der Preis, sagt die Signora, der sei 50 Euro pro Nacht. Da habe ich auf dieser Reise schon teurer und schlechter geschlafen. Denn eines fehlt hier (mir nicht): Autolärm. Ach nein, meint sie, als ich einverstanden bin, ich sei ja alleine. Da koste das Zimmer nur 30 Euro pro

Blick von dem Tisch, an dem ich schreibe, in den Hof (riert; wie wirkt es? mal nicht nach kontu-)

Nacht. Ich hätte 50 akzeptiert. Ich müsse mir die Tiere hier auf der Azienda anschauen. Ja, morgen. Das Unwetter draußen ist stärker geworden. Die Nachrichten sprechen für La Spezia von Zerstörungen und Überschwemmungen, heute früh. Und jetzt haben wir es eben hier. Soll noch morgen andauern. Ich bleibe so lange hier. Also: es gibt zur Zeit so eine Art Sommergrippe-Epidemie hier in Norditalien mit Kopfdruck, Fieber, Nasenlaufen. Passt alles. Ich lasse Paracetamol jetzt weg und will sehen, was der Körper alleine schafft. Knie und Ferse wird die Ruhe auch gut tun.

Von hier aus kann man nicht telefonieren. Es gibt nur den Apparat der Azienda.

Am Abend erreicht, so gegen 8/9 Uhr, das Gewitter seinen Höhepunkt. Mehrfach fällt der Strom aus. Jedes Mal geht dann automatisch eine Notbeleuchtung an. Dass es sie gibt, wird seine guten Gründe haben.

Also, der englisch/deutsche Prospekt, mit dem die Azienda ihren Wein anbietet, der hat schon was, z.B: ihr pinot bianco: „Helle, strohgelbe Farbe mit grünlichem Schimmer. Intensives und anhaltendes fruchtiges Aroma, erinnert an Holunderblüten, Lavendel und Glyzinien. Trockener, harmonischer, geschmeidiger Geschmack mit Brotduft". Na, da staunste aber, was? Die anderen Sorten stehen kaum zurück in der Beschreibung.

Im Hof, weiter links

Das gesamte Anwesen ist baulich toll in Schuss; gegliedert in die Schokoladenseite Hof und den Wirtschaftsteil. Da sieht es halt so aus wie auf anderen Höfen: Maschinen, alt und neu, Geräte, gammelig oder bloß abgestellt, Holz- und Metallstangen, Gitter, Zäune. Der Essraum ist geschmackvoll hergerichtet. Schwere Balken an hoher Decke, gefliester Boden in Terracotta, an den Wänden liebevoll restaurierte Utensilien, Fotos ... aus alter Zeit. Auch eine alte Moto Guzzi, in edlem Dunkelrot mit Silber, ist zu sehen. Auch der Hof ist mit Blumen über Blumen, in Töpfen oder in die Erde eingepflanzt, geschmückt. So viele verschiedene Grüntöne! Und in meinem Farbkasten habe ich nur zwei. Es blüht freilich nur noch weniges. Fino dell'estate.

Zum Hof gehört ein achteckiger Pavillon. Er ist mit Schilf gedeckt, nach allen Seiten offen und ruht auf neun mächtigen Rundholz-Stempeln.

Habe nur wenig geschwitzt heute Nacht, fühle mich aber wackelig, „dermelich" (saarländisches Idiom für schwindlig). Es ist schon eine Zeitlang hell, es gibt auch schon Bewegung auf dem Hof. Da stehe ich doch mal auf. Nanu, gerade keiner da, alles ruhig. Ich wollte mir die Tiere anschauen. Vor allem die Schweine, die gestern Abend – Gewitter – ganz schön hektisch waren, und so laut, dass ich die Fenster schließen musste. Es sind – Wildschweine, so zwei, drei Dutzend, ein paar rosafarbene gibt's auch, dann: Hühner, Enten, Ziegen, Pferde, ein armer Esel, Katzen, zwei Schäferhunde, Pfaue. Die Art der Unterbringung passt zum mediterranen Stil. Fast alle in Käfigen oder engen Gehegen, der Esel kann sich kaum drehen. Auch der Beo knöttert in seinem Käfig vor sich hin. Frei leben bzw. frei laufen dürfen Katzen und Hunde, Pfaue. Und die Frischlinge dürfen mit den Enten in einen umzäunten Weinberg, zum Rumtollen.

Seitenweise Eindrücke – und das nach einer so langen, relativ reizarmen Phase. Jetzt gibt's was zu essen – ich koche selbst – und noch'n Kaffee. Dann wird geruht. Schade, dass meine Freundin diese schönen Erlebnisse nicht mit mir teilen kann. Heute muss ich sie anrufen. Hat übrigens bisher nicht mehr geregnet heute. –

Apropos TV:
1. Es gibt hier Slipeinlagen. Die heißen „velo-line".
2. In den Nachrichten ist viel von Unfällen, Terrorismus und

Katastrophen die Rede. Von Umwelt, Autoflut oder Korruption spricht niemand.

Am Wochenende findet hier das 54. Weinfest statt. Am ersten Tag zwei Programmschwerpunkte:
1. mit dem Rad durch die Weinberge
2. mit dem Rad durch den hiesigen Naturpark

War heute früh noch mein Rad an der Tankstelle abholen; hatte ich ja gestern Abend dort lassen müssen. Wollte zu Fuß durch die Weinberge. Das ginge nach solchem Regen wie gestern nur mit Gummistiefeln bis zur Hüfte. Der Boden ist wirklich ganz schmierig und schwer, ein feinkörniger Lehmboden.

Komme gerade aus dem Ort – Cappuccio und telefonato. Hatte nicht gedacht, dass mich das so anstrengen würde. Oder ist die Luft noch feucht? Heute früh war's gut dampfig – neblig. – Im Ort sehe ich ein altes Fiat Topolino Cabriolet. Er steht unter Dach in einem Hof – völlig verlassiert (vergammelt). Gehört einem alten Mann, Karosseriebauer, der so was noch zum Schmuckstück machen kann. Für sich selbst hat er einen 500er Fiat restauriert mit (starkem) Abarth-Motor. Das Ding fährt 160 km/h Spitze. Der Topolino wäre übrigens Baujahr 1952, mein Baujahr. –

Hier im Gelände der Azienda steht ein kleines, rotes, dreirädriges Gefährt, wie aus Pappe, ganz von Schlingpflanzen umgeben. Idyllisch. –

Ich nähere mich wohl Sizilien – die Kriminalität nimmt zu, na ja, zeigt zum ersten Mal auf dieser Reise ihre furchtbare Fratze. Habe doch gestern bei so einem alten Ehepaar im Hof meinen Reifen gewechselt. Seitdem vermisse ich die Tube Handwasch-Gel, die ich dort benutzt habe. Das Zeug ist deswegen praktisch, weil man es zum Händewaschen auch an der Landstraße ohne Wasser benutzen kann. Man zerreibt das Gel auf den ölverschmierten Händen, schwarze „Riwwelscha"(saarländisch für Krümel) fallen ab – fertig. Sind nur'n paar Meter zurück. Muss zweimal hin, beim ersten Mal ist außer dem Hund niemand da. Ich komme erneut hin, als die alte Frau gerade in Begleitung einer jüngeren (ihre Tochter) per Rad ankommt. Man lässt mich zwar in den Hof nachschauen, die jüngere Frau übergießt mich aber mit einem Wortschwall, der gar nicht so freundlich klingt. Auf mein „Scusi, non capisco tanto della lingua italiana", weiß sie sofort, dass das nicht stimmen kann. Wer italienisch spräche, der verstünde schon alles. Schön wär's. Die Tube ist jedenfalls nicht da, ich bin verunsichert und lasse mich von der Xanthippe quasi verdrängen. Zu Hause schaue ich nach: ich habe mich nicht geirrt! Der Alte hat das Zeug wohl gebunkert! Nachkriegsgeneration.

### Donnerstag, 16.09. (Vò – Strà)

Was für eine Nacht! Also gestern war ja Regen gemeldet, aber es blieb trocken. Heute sollte wieder Sommer sein, gegen Morgen weckt mich Gewitterdonner. Zwei Staffeln mit Blitz und Donner ziehen durch. Ich selbst werde schweißgebadet wach. Das Schlaf-T-Shirt ein nasser Lappen, die Bettwäsche auch. Und das, obwohl ich mich gestern schisserigerweise noch mal zu einer Paracetamol entschlossen hatte. Vom Gefühl her scheint es noch nicht überstanden zu sein. So krank war ich schon seit Jahren nicht mehr. Ausgerechnet jetzt! Im Moment regnet es nicht. Der Himmel grau und dunkelgrau, kaum hellere Flecken, ein kühler, böiger Wind. In den Nachrichten war wieder von Venetien zu hören und zu sehen: Überflutungen, Sturmschäden. –
Ob meine Träume mit der Krankheit zu tun haben?
1. Wir beide, meine Freundin und ich, sind im Filmsaal einer Schule. Wir müssen raus, weil gleich die Sudetendeutsche Landsmannschaft hier Vorführung hat, aber erst der Obersudete zeigt uns die hinter der Tapete versteckte Tür. Dann bin ich alleine draußen. Winter, Schnee. Muss mit dem Auto, roter R4, noch zwei Schüler (ein Junge, ein Mädchen) heimfahren. Der Junge ist irgendwann nicht mehr da. Als ich den Wagen wenden will, komme ich irrsinnig ins Trudeln und kann so eben noch den Aufprall an Mauer und Pfeiler vermeiden.
2. Vor „meinem" Haus steht das Auto meiner Freundin, ein R19, und der Opel Rekord meines Schwagers. Am Heck des Renault ist ein Plastikteil zu Boden gefallen. Als ich genauer nachsehen will, merke ich, wie sich beide Autos bewegen. Sie hängen am Haken eines langen Seils. Das gehört wiederum zu einem Boot, einem Kanu, das gerade per Seilzug nach oben in einen Bootsschuppen

gezogen wird. Der Haken hat sich unter dem Renault verfangen, und so werden jetzt beide Autos ebenfalls nach oben gezogen. Ich renne schnell nach oben (schon daran sieht man, dass ich träumen muss) und finde den Mann, der die Anlage bedient. Er sieht aus wie eine Figur aus dem Kleinkunst-Milieu, glatzköpfig, der Kopf rot-gelb angemalt; langer, schwarzer Umhang. Ein wenig wie Dracula in Farbe. Er lässt sich in seinem Tun nicht beeinflussen, zieht sein Boot in den Schuppen, bringt mit dem geübten Lösen von ein paar Schrauben die gesamte Seilzug-Vorrichtung zum Absturz in das darunter gelegene Grundstück. Er äußert noch Verwunderung darüber, wie der Mensch nur so voll Schnaps sein könne und verschwindet. –

Was aus den Autos geworden ist? Nessuno sa. Dass ich so intensiv träume und behalte!

Jetzt geht es schon gegen 11.00 Uhr. Für den Nachmittag

mein Nachtmahr

sei jetzt – erneut – die Rückkehr des Sommers angekündigt. Ich habe mein Zimmer geräumt, alles gepackt, sitze unter der Überdachung und führe Tagebuch. Der Wind lässt nicht nach, aber die Wolken scheinen sich zu gleichmäßigem Hellgrau hin zu entwickeln. Ich denke, es wird heute endlich Padua sein, auch wenn die Luft sehr frisch ist.

Neben all den Unannehmlichkeiten vergesse ich nicht den Blick für die Schönheiten der Natur. Ich habe seit den Südalpen eine Pflanze gesehen, immer öfter, und hier gibt es sie eigentlich überall: den Granatapfel. Wunderbar gefärbte Früchte, diese weichen Farbübergänge!

Kurz vor 16 Uhr, Piazza dell' Erbe in Padua. Im weiß-ich-wievielten Versuch endlich erreicht. Kraft erst mal alle. Die Colli Euganei haben mich doch gefordert. Es sind zwar so 20°C, aber ich sitze hier im Fleece-Pulli, die Sonne ist erst mal wieder weg – dicke, schwarze Wolken am Himmel. Unterwegs fallen mir weiße Flächen vor Mauern auf: es ist Hagel. Heute früh gab es hier eine „tempestate". Zwei Hände voll kommen in die linke Socke. Die sind so kalt, dass ich sie fast wieder rausholen muss. Am Brunnen und anderen Plätzen lungert viel Gammelvolk herum. Alkohol, laute Musik, Joints. Die Studenten kommen erst in zwei Wochen wieder. Schöne Architektur, viel schmiedeeiserne Geländer. Bunte Balkon- und Topfpflanzen, begrünte Dachgärten.

Ich habe heute den Eindruck, dass die Sonne mit mir spielt. Beim Fahren scheint sie gnadenlos. Halte ich an, um zu trocknen, geht sie weg. Kaum sitze ich mit nassem Shirt wieder auf dem Rad, heizt sie mir wieder ein. Jetzt hätte ich sie gerne gehabt.

Keine Chance. Kann froh sein, dass es nicht regnet. Den ganzen Tag Ostwind (klar, von vorn).
– Nachtrag von Como: Dort gibt es eine viale (ein Sträßchen) und ein Hotel namens „Promesso Sposi" (Eheversprechen, Verlobung). –
Jetzt noch ein bisschen durch Padua, dann aus dem Moloch raus durch den Autobahnring Richtung Venecia. –
Der Moloch hatte mich schon in seinen Zähnen, hat mich aber wieder ausgespuckt.
Auf der Piazza dell' Erbe habe ich versucht, das Info-Material zu sichten, das mir die Dame vom Touristen-Info gegeben hatte. Blickte etwas schnippisch, weil ich eben nur das Allerwichtigste haben wollte. Das habe ich jetzt, und es sind auch „nur" 111 Gebäude und Sehenswürdigkeiten. Okay, es geht gegen 17 Uhr. Weg mit den Infos und den langen Beschreibungen. Ich mache eine Rundfahrt wie immer – fertig. Ich kriege vieles zu sehen, das meiste schenke ich mir. Irgendwie fahre ich verkehrt: dauernd komme ich an Stellen, wo die Weiterfahrt nach allen Richtungen verboten ist. Merkwürdig. Außerdem ist die Altstadt alles andere als autofrei. So ist sie eben laut und stinkt. Was ich zu sehen bekomme, ist alles toll, aber die Fülle erschlägt dich. Es ist, als hätte man ein Glas voll Infos erbeten und jemand hätte dort einen Eimer voll hineingekippt. Ich will noch raus, wegen der Hotelpreise. Die Rausfahrt wird grauenhaft – in Padua selbst gab es Radwege – ich fahre auf vier bis fünfspurigen Straßen zwischen Lkws und Pkws. Es ist auch gerade Rushhour. Mit Mut und Beten entkomme ich des Molochs spitzem Zahn, aber es wird dunkel. Jemand empfiehlt mir hier in Strà das Hotel Venecia. Ich muss wie oft fragen, immer sind es „centi metri". Das können auch schon mal 500 m sein – kein Problem. Als ich's endlich gefunden habe – is' zu fein, bestimmt zu teuer – egal! –, bin erleichtert. Ich kann nicht mehr. Es ist jetzt auch halb neun und dunkel. Am Eingang hängt ein Schild „completo". Das ist ein Schlag. Der Empfangschef meint, in Padua (oder war's Vicenza?) sei diese Woche eben Blumenmesse. Das wäre was für meine Freundin. Mich kann es im Augenblick nicht so begeistern. Die junge Kollegin meint, ich soll einfach Richtung Venedig fahren und es da probieren. Toller Tipp! Der ältere Kollege telefoniert

*Ma prima vista sulla „Serenissima"*

für mich – mit Erfolg. „Nur zwei Kilometer" (es werden fünf sein), Hotel Belvedere. 42 Euro ohne Colazione, die man eh' in der Pfeife rauchen kann. Unterwegs dorthin, ins Belvedere, vertraue ich meinem roten Blinklicht. Das ist ja wohl auffällig. Und gerate in eine lange, ewig lange Linkskurve, die für die armen Autofahrer mit – weiß ich – über 100 solcher Blinklichter sicherer werden soll. Wer soll mich denn da noch sehen?

Irgendwie geht es aber gut. Bin heute 52 km gefahren. Nicht schlecht. War ja erst mittags losgeradelt, und war auch etwa zwei Stunden in Padua.

FREITAG, 17.09. (STRÀ – FUSINO – VENEDIG)

Früh erwacht die Sonne über Venedig – sieben Uhr – und lockt. Bin um acht Uhr unterwegs, um viertel nach acht in der Bar Roxy in Dolo, zum Frühstück. Zwei Cappuccio, drei Hörnchen (Marmelade, Natur, Pudding). Die Cameriera trägt ihre schweren Brüste mit Fassung. Sie wippen so lustig bei jedem Schritt. Man sieht, meine Lebensgeister erwachen so langsam wieder, sie „erheben langsam wieder ihr zottiges Haupt". – Heute geht's nach Venedig! Der Himmel

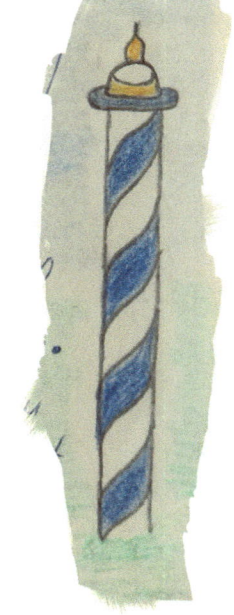

über Venecia: makellos blau!

Gleich gegenüber dem Campingplatz Fusina – er liegt dort, wo sich die Brenta in die Lagune ergießt – finde ich den Bootsanleger. Ich habe vorher noch Zeit zu schauen und zu zeichnen. Das Schiff ersetzt den Bus, ist ein komplett geschlossener Kasten mit Fenstern. Gegen den s-trammen, s-teifen Ostwind, der mir auch an den 21 km heute was entgegensetzte, gibt's einiges an Gischt, die an die Fenster peitscht. Und nach knapp 20 Minuten legen wir in Venedig an. Nach all' den Zweifeln und Rückschlägen, den Problemen aller Art, ergreift mich irgendwie doch das Erreichen dieses Ziels. Hier könnte ja auch Endstation sein, in der Stadt mit diesem Namen: Venedig, Handels- , Kultur- und Machtmetropole der Welt von einst, ein Faszinosum noch heute. Mit einem Plan des Wege- und Gassengewirrs in der Hand laufe ich ein wenig hin und her und schaue, schaue, staune. Es ist viel los, viele Touristen unterwegs. Irgendwie lande ich immer wieder in einem Strom von Besuchern. Die Rialto-Brücke lasse ich natürlich nicht aus, und den Abschluss muss der Markusplatz

Venezianische Haustüren wirken abweisend, kühl

machen. Von dort will ich meine Freundin am Telefon überraschen. Und dazwischen staunen, sehen, hören, ein wenig kaufen, Karten schreiben, Cappuccino. Ruhen, essen, trinken, reden, schauen. Venedigs Highlights zu beschreiben ist nicht möglich, die Stadt ist eines, mit all ihren Facetten, mit Straßenmusik und -theater, den Bettlern, den vielen kleinsten Geschäftchen und Bars. Es war mir übrigens ein besonderes Anliegen, mich der Stadt von der See her zu nähern wie Besucher früherer Zeit, denn Venedig wollte ja nach See hin beeindrucken. Und: sie tut es wahrlich. Am späten Nachmittag schlendere ich wieder zum Bootssteg. Kurz darauf geht's zurück. Es begegnet uns ein Ozean-Passagierriese, die „Brilliance of the Seas", Heimat Nassau/Bahamas. So 10 bis 12 Stockwerke hoch, ewig lang und weiß. Die winzigen Lebewesen darauf sind Menschen. Die sind ja überall! Weißt du, so ein schwimmendes Luxusdorf für Senioren. So alt werde ich wohl nicht mehr, dass mir so etwas gefiele. –

Venezianische Türen: Immer ganz aus dunklem Holz, oft dunkelgrün, spartanisch abgesetzt, Messingbriefkästen ganz hoch, oft mehrere Schlösser. Wirkung: klar, zuverlässig, abgrenzend, kompromisslos, geschäftsmäßig – schön. Immer ein einziger, senkrecht stehender Messinggriff, recht hoch montiert. Nichts für Kinder. Buchhaltertüren. –

Wenn man mal davon ausgeht, dass so eine Reise ja auch eine räumliche Dimension hat, dann habe ich jetzt fast alle Extremwerte erreicht:

nördlichster Punkt Lautzkirchen
westlichster Punkt Gondrexange
östlichster: heute in Venedig
tiefster: auch heute, Meeresspiegel
höchster: Passhöhe Gotthard
südlichster: tja, der fehlt noch, da bin ich noch dran.
Abends: Carbonara im Camping-Restaurant

### SAMSTAG, 18.9. (FUSINO – LIDO ADRIANA, VOR RAVENNA)

Bin rechtzeitig wach, um den Sonnenaufgang über Venedig mitzuerleben. Die Stadt nur als Silhouette, dahinter zunehmend goldenes Licht. Ich muss erst mal in eine Bar zum Frühstück. Danach die Landstraße nach Chioggia. Trotz Samstag ist viel Verkehr, aber eben auch Rückenwind. Das Rad läuft gut. Bis mittags sind es schon 80 km. Da packt mich die Idee, es heute bis Ravenna zu schaffen. Erst die Umrundung der Lagune von Venedig, dann, oft erhöht auf einem Damm, das breite Flussdelta des Po. Dazu gehören auch Brenta und Etsch. Der Po selber, breit und behäbig, fließt in vielen weiteren Armen und Verzweigungen dem Meer zu. Eine gedachte Strecke mehr im Landesinneren verpasse ich und gerate so südlich des Po-Deltas an die Küste. Schilder wie „Lido di Volano", „Lido delle Nationi" locken mich ans Wasser. Baden hätte ich schon gewollt, aber das Wasser ist mir zu schmutzig. Von den Unwettern? Die Lidos sind natürlich die absolute Vermarktung der Strände: alles voller Bretterhäuschen, Buden, Verkaufsstände, Liegeplätze und Sonnenschirme limitiert. Das ist nicht meine Welt. Aber immerhin: das Fahren auf Nebensträßchen hält auf. Die Motorradfahrer haben sich die kleine Verbindungsstraße zwischen den Lidos als Rennstrecke auserkoren und nutzen das weidlich aus. Einer kommt mir gar so bei Tempo 100 oder mehr nur auf dem Hinterrad fahrend entgegen. Artistisch, wahnsinnig.

In Lido delle Nationi liegt ein Mann mit großer, offener Wunde auf dem rechten Jochbein auf dem Bürgersteig. Leute kümmern sich schon. Er ist auf dem Zebrastreifen von einem Motorrad angefahren worden, der Verursacher geflohen. Mein Desinfektionsspray will keiner, also fahre ich weiter, als der Krankenwagen kommt. An der Reno-Mündung gibt es wenig Chancen für Fische. Zig Netzvorrichtungen können Jagd auf sie machen. Zur Nachmittagsrast finde ich einen ruhigen Platz an einem Stauwehr: Möwen, Reiher, Enten, Wasserhühner, Eisvögel. Flusswasser habe ich bisher immer trüb, grün-grau gesehen. Wenig einladend. Manchmal stinkt's auch ganz schön.

Und am Abend, als ich mich entschließe, mir ein Plätzchen zu suchen, beginnt das alte Spiel: dieser Campingplatz geschlossen, jener zu weit weg, „fahren Sie dorthin, nur drei Kilometer" (sind dann sieben), der Platz seit heute geschlossen. Um ein Fährschiff zu vermeiden, radle ich Richtung Ravenna weiter, werde ins Landesinnere geführt, gerate neben ein endlos lang erscheinendes Chemiewerk, von Lido und Tourismus keine Rede mehr. Ich kehre um, nehme doch die Fähre und bin so 20 Minuten später auf diesem Platz, der noch genau diese eine Nacht zur Verfügung steht. Die letzte halbe Stunde muss ich mit Licht fahren, es ist ganz schnell dunkel geworden. Im Camping-Restaurant bekomme ich so um halb zehn abends die letzte Pizza des Tages, des Monats, der Saison, des Jahres. –

Beim Morgengrauen weckt mich eine Jagdgesellschaft gleich nebenan. Die Italiener schießen ja auch Vögel! Das Frühstück im Camping-Restaurant ist gratis: Saisonschluss! Heute früh schaue ich mir Ravenna an, danach will ich in den Apennin. –

Fisch, paß'auf!

Piazza del Popolo, Ravenna

Selbiger Tag, 14 Uhr. Sitze auf der Piazza del Popolo in Ravenna. Die kurze Herfahrt hat gut geklappt. Bin auf einem der fast überall vorhandenen Radwege von einem Rennrolli mit Polizeieskorte überholt worden. Ich war gerade im Feld der Marathonfahrer/-läufer. Heute ist in ganz Italien autofreier Sonntag. Nicht alle Städte machen da mit, aber es sind erstaunlich viele, auch große, z.B. Rom. Schade, dass ich nicht schon heute da bin. Ravennas Historie lebt von der Zeit, als es Hauptstadt des Weströmischen Reiches war: imposante Backsteinbauten, Wandmalereien, Skulpturen und vor allem Mosaikkunst in Vollendung; Böden und Wände in Basiliken, Domen, Villen: wirklich phantastisch. Die Farben eher pastell, aber mit viel, viel Gold, sehenswert. Ein gutes halbes Dutzend Sehenswürdigkeiten in überschaubarer Entfernung, eine einzige Eintrittskarte für (fast) alles. Unter den Highlights allein acht, die zum Weltkulturerbe gehören. Es hat mich hier lange festgehalten.

SONNTAG, 19.09. (RAVENNA – IMOLA)

Aus Ravenna raus zu kommen, war mal wieder schwierig. Ich frage einen, der – Selbstgespräche führend – mir entgegenkommt. Ich gerate oft an solche Leute. Die Antwort ist perfekt. Ich rolle in mäßigem Verkehr landeinwärts, anfangs noch flach, dann werde ich unmerklich langsamer – es steigt. Oder das Kräftebarometer fällt. Jedenfalls komme ich bis Imola. War ja Minimalziel. Die werden wohl hier, wo an der Rennstrecke immer so viele Fans zusammenkommen, einen Campeggio haben. Mitnichten, der Herr, dem ist durchaus nicht so. Und ein Zimmer? Der Polizist empfiehlt „La perla", gleich neben der Rennstrecke. Er beschreibt wortreich den Weg; ich finde ihn nicht. Ich fahre in den Fuhrpark derer, die am heutigen Renntag (mit Verkaufsbörse, Teile, etc.) für historische Motorräder teilgenommen haben. Die halten noch was von Kameradschaft. Ist auch so, deswegen werde ich gleich zwei Mal vor Dieben gewarnt, die die Runde machen und Zelte, Wohnwagen und Wohnmobile filzen. Nett hier. Dusche gibt's nicht mehr, bin zu spät. Das Restaurant ist auch geschlossen. Aber da ist noch wer drin. Auf meinen Wunsch gibt's noch zwei Cola (ich trinke so viel Cola) und vier der übriggebliebenen Schinkenbrötchen. Der kassiert dafür echte 15.- Euro.

Es wird – mal wieder – eine laute, unruhige Nacht.

MONTAG, 20.09. (IMOLA – VAGLIA)

Rom – gestern hat meine Freundin mich danach gefragt. Ob es noch in meinem Kopf wäre. Ja, ist es, wieder, seit drei Tagen. Vielleicht macht sich jetzt so langsam eine Art Zug bemerkbar, nach Rom. Warten wir noch den Apennin ab. Der kommt jetzt heute. Sitze früh um acht in einer seelenlosen Bar an der Ausfallstraße von Imola nach Firenze. Die Bar gehört zu einem Supermarkt, der noch geschlossen hat. Neben mir rollt die Blechlawine. Ein Herr mit Zigarre hat seinen Mops – sieht man hier öfter – unter den Arm geklemmt und versucht, die Straße zu überqueren. Viel Glück!

Aber jetzt, nach zwei Cappuccini und zwei Croissants: andiamo, Apennino!

Gleicher Tag abends: ganz schön dicke Arme gemacht, heute früh. Klar steigt es an, klar ist es heiß, wenn die Sonne scheint, klar kann's an solchem Tag gewittrig-schwül werden. Und dann das Schlimmste: der Herr denkt. Zum Beispiel denkt der Herr, dass, wenn in der Mitte der Apennin-Querung ein größerer Ort „Firenzuola" liegt, dass er dann auch die Passhöhe markiert. Mensch, Kerl, das tut er nicht! Immer glauben, dass die eigenen Annahmen richtig sind! Also dieses Firenzuola ist schon ab Imola neben Firenze angegeben, und ich richte mich „mental" drauf ein: „bei Kilometerstand 718 biste in Firenzuola, dann biste oben, dann rollt's nur noch abwärts bis Florenz". Und mit der – ? jetzt weiß ich nicht mehr, was ich schreiben wollte. Das Essen ist dazwischen gekommen. Ich hatte solche Lust auf Salat. Grün, knackig, mit Tomaten und gut sauer angemacht. Danach Spaghetti Bolognese, Hackfleisch, eine grau-braune Masse ganz ohne was Rotes (Tomatenmark oder so), macht aber satt. „Hauptsach', s'stoppt!" Drei Bällchen von dem Eis, was der Schnaufer selbst herstellt. Er ist der Senior-Chef (vielleicht) und dick, und schnauft bei jedem Gang. Schoko esse ich nur für meine Freundin! Vanille und Nuss für mich. Nicht schlecht, der Schnaufer! Also, wo war ich? Ach ja, bei meiner Idee des Apennin. Am Anfang läuft's ganz gut. Klar, steigt langsam. Soll ja so auf knapp 900 m kommen. Wenn es im Aufstieg dann wieder kleinere Abfahrten gibt, dann kann ich mich nicht so gut darüber freuen. Diesen Kredit muss ich ja gleich darauf wieder abbezahlen. Schon gestern bald hinter

Die Struktur stimmt, die Farbe überhöht die Struktur

Ravenna sah ich die Gebirgszüge aus dem blauen Dunst auftauchen. Und jetzt bin ich schon drin. Ein Mittelgebirge eben, recht grün, gelegentlich Karstanzeichen: felsig-trocken. Ich sehe erneut diese Bäume, die ich vom Blatt her als Gummibäume bezeichnen würde. Sie sind bis zu 10 m hoch und tragen Früchte / Blüten. Kann ich nicht sagen.

Auch das Wasser des Flusses Santerno, dem ich entgegen fahre, ist nicht sauber, eher so grau, grün und trüb; Fische sehe ich keine. Das Wasser hat tiefe Furchen in das Kalkgebirge gegraben und dabei dort, wo die Wände nachgestürzt sind, die Vielfalt der Felsstrukturen freigelegt. In alle möglichen Richtungen haben die Erdkräfte die Kalkschichten gezwungen, auch völlig senkrecht. –

Kiwi und Äpfel werden plantagenmäßig angebaut, sehe ich öfter.

Und die 718 steht noch nicht einmal ganz auf dem Tacho. Da bin ich in Firenzuola. Ja, wie, kein Pass, nix, einfach so oben? Jetzt pass' mal auf, du Grünschnabel, du Klugscheißer, sagt der Apennin, ich zeig' dir mal was. Von einer längeren, heftigen Steigung hatte unterwegs schon mal einer gesprochen. Aber was jetzt kommt, das hätte ich doch nicht erwartet. Es wird steil.

Hing in der Rezeption in Sempach: „Never ever give up!"

So steil, dass ich schieben muss, mehrfach. Ich habe an diesem Abschnitt heute mehr geschoben als in der gesamten Schweiz. Aber: „Never ever give up!" Ich habe die Leute verwünscht, die ich unterwegs nach der Länge des Anstiegs fragte, und die mir „sechs bis sieben Kilometer" androhten. Das kann doch nicht sein. Andere sagen dasselbe. Verschwörer! Wenn ich absteige, wringe ich mein T-Shirt aus. Meine Güte, alles Schweiß! Und ich trinke, bis der Bauch gluckst. Einmal stehe ich und schnaufe – schlimmer als der Wirt hier – da höre ich ein uriges, rauhes Geräusch, so 200 m weg im Gestrüpp. Ein Hirsch, der röhrt, schießt es mir in den Kopf. Soll ich warten, bis ich ihn zu sehen kriege? Als das kehlige Rufen näher kommt, bin ich froh, gerade eine Mini-Abfahrt vor mir zu haben. Es ist nämlich wohl eher ein Wildschwein. Und da lege ich nicht so großen Wert auf eine Begegnung.

Irgendwann kommt die letzte Biegung, der letzte Stich. Ich muss ihn schieben. Und dann das Schild „Alto di Giogo, 882 m". Nochmals das Hemd ausgedreht, und ab geht's. Anfangs schnell, zu schnell, sehr bald dann schon gemäßigt, und dann geht es so auf und ab. Meine schöne Abfahrt nach Florenz: auch Fiktion. Ich bin jetzt nur noch am Dauer-Schwitzen. Ich will und vor allem – ich kann nicht mehr. Alle Erfrischungen unterwegs sind zu wenig. Ich habe so Lust auf: Dusche, trockene Kleidung, Ruhen. In Vaglia schreibt die Albergo Padellino was von „Camere". Es sind nur noch 17 km bis Florenz, die müssen halt warten. Ich gebe meinem inneren Drängen nach und checke ein. Es ist das ehemalige Bahnhofsgebäude. Hinter meinem Zimmer ist der Bahnsteig. Nur ganz wenige Züge (Triebwagen mit zwei Waggons). Es ist fast wie zu Hause.

Dienstag, 21.09. (Vaglia – San Giovanni alla Vena)

Ponte Vecchio in Firenze, hinter mir die Uffizien

MITTWOCH, 22.09. (SAN GIOVANNI ALLA VENA – ANTIGNANO)

Nachtrag von gestern: da habe ich nichts geschrieben. Habe nur geschaut, gestaunt und bin gefahren. Ich freue mich beim Frühstück auf geruhsame 18–19 km nach Florenz, da meint der Schnaufer, dem sei nicht so, da käme noch eine Steigung, nicht lange, aber giftig. Die müsse ich wohl schieben. Recht hat er. Schon eine Viertelstunde nach der Abfahrt bin ich klatschnass geschwitzt. Genau das, was ich nicht wollte. Und geschoben wird später auch noch, mehrfach. Doch diesmal ist es das letzte Mal. Der Absturz nach Florenz. Anfangs heftig mit auch mal kurzen Anstiegen, dann mäßiger und gleichmäßiger.

Florenz ist ein Museum. Mein Wunsch, die Kurzfassung eines Stadtführers zu kaufen, bringt den Mann am Buchkiosk in große Schwierigkeiten. Mit dem Führer in der Hand gondele ich durch die Straßen, Wege, Fußgängerzonen, Menschenmassen. Japaner fotografieren einander der Reihe nach, Amerikaner knipsen alles, deutsche Schülergruppen, eine auf Abschluss(?)fahrt, Menschen, Menschen. Ein schlimmes Geschiebe. Ich versuche, ein paar prägnante Punkte anzusteuern. Nein, den David habe ich nicht gesehen, der steht ja im Museo dell'Academia, und ich war ja nirgendwo drin, nur dran. Die Warteschlange an den Uffizien ist so 150 m lang. Ich mache mich auf den (Weiter-)Weg. Es ist heiß heute, über 30 Grad.

Ich habe Mühe, den Weg zu finden. Es gibt die Autobahn und daneben zwei Landstraßen, letztere blau beschildert, aber eine davon für Räder gesperrt. Zudem ist oft nicht Pisa, sondern nur der nächste kleine Ort angegeben, den ich auf meiner Karte dann nicht drauf habe. Als die Sonne schon etwas zu schräg steht, mache ich Schluss für den Tag. Ein Schild „Villa Maria – bed and breakfast" lockt. Und es sind ja doch heute 98 km geworden – trotz Gegenwindes. Ein hübsches, edel hergerichtetes Haus, vorne erstklassige Antiquitäten, hinten und im ersten Stock Gästehaus. Auch das Zimmer ist sehr hübsch. Abends gehe ich noch mal aus zum Telefonieren. Meine Freundin hört sich so an, als dauere ihr meine Unternehmung mittlerweile zu lange. Ich wäre je auch gerne bei ihr, aber jetzt, so „kurz" vor Rom? Es gibt noch eine Vorspeise mit Schinken, Salami und leckeren Brothäppchen, danach eine Pizza. –

Vista per la finestra : colli toscani

Heute früh wieder ein strahlender Tag. Ich zeichne den Blick durchs Fenster. Ein üppiges, arg süßlastiges Frühstück.

Gerade, als ich hier vor dem Haus sitze und zeichne, hält ein Lkw, über Lautsprecher droht eine Grabesstimme die angebotenen Gemüsesorten an. Haue ha, nix wie los! Nach so 20 km habe ich die Piazza del Duomo mit dem Schiefen Turm erreicht. Der Cappuccino kostet 2,50 Euro gegenüber 4,50 (!) Euro auf dem Domplatz in Florenz. Ist die Differenz von zwei Euro das, was man als die kunsthistorische Relevanz bezeichnet?

Rückblick: Als ich gestern an einer Tankstelle seitlich im Gestrüpp einen Pipiplatz suche, flüchten erschreckt die Ratten vor mir und ich dann postwendend umgekehrt vor denselben. Ich glaube, ich kann noch ein bisschen aushalten. –

Und jetzt geht's zum Meer. Das Wetter soll bis übermorgen regnerischer werden. Die letzte Chance, Rom zu verhindern? –

Früher Abend: Campingplatz Miramare, Antignano (gleich südlich von Livorno): Zelt steht, die Sonne schickt sich an, golden unterzugehen.

So gegen 14 Uhr hatte ich die Riviera erreicht, am Arno entlang, Pinien- und Platanenalleen, angenehm zu fahren. Viel Verkehr, aber fast immer ein Seitenstreifen. Und dann öffnet sich die Landschaft, der Himmel wird weit und umgibt dich ganz, und hinter dem Steinwall vor dir rauscht das Meer. Du steigst ab, setzt dich auf den Wall und atmest tief ein: geschafft! Von Meer zu Meer ein Land durchradelt. Tauchte ich noch vor vier Tagen am Lido de Volano nur die Füße ins Wasser der Adria, hält mich hier nun nichts mehr. Das Meer ist ziemlich bewegt, aber hinter einer Steinbuhne hat sich eine ruhigere Lagune gebildet, so 20 Leute sind da, winziger Sandstrand: hinein! Herrlich! Wie lange habe ich dich vermisst? Fast ein ganzes Jahr! Die etlichen Dutzend weißer Maden, die vom Wasser an den Strand gespült werden, machen stutzig: ist die Arnomündung doch zu nah? Am Strand hat eine Bar – Ristorante - Gelateria noch offen. So'n Dutzend Leute; ich mache Mittagspause. Nettes Gespräch mit einer Computerfrau aus Chemnitz, die zur Zeit zur Fortbildung in Pisa ist. Es geht um Lebensplanung, Glück und Zufall und Schicksal. Ich will noch weiter, finde mit Ruhe und Selbstbewusstsein den Weg durch Livorno. Den Mega-Stau verursacht ein Segelschiff, für das eine Brücke hochgeklappt wird. Und die ist, weil noch glänzend frisch geteert, nur einseitig befahrbar.

Villa Maria in San Giovanni alla Vena

Nach dem Moloch Livorno habe ich mir Entspannung verordnet. Gleich danach auf den erstbesten Campeggio, nur 66 km heute. Dafür geht's noch mal ins Meer. Der Platz liegt hoch auf Felsen über dem Meer, hinunter hat's eine Treppe mit Kies- / Betonstrand dann an ihrem Fuß. Das Salzwasser lasse ich auf der Haut trocknen. Heute Abend koche ich selbst: Nudeln mit gehackten Tomaten (Glas) und Thunfisch (Dose). Mahlzeit!

### Donnerstag, 23.09. (Antignano – Scarlino)

Schöner Platz hier, so nah am Meer. Du hörst trotz Ohropax das Meer rauschen in der Nacht. Und die Pinien und Eukalyptusbäume geben Schatten. Aber Straße und Schiene sind nah. Sitze auf der Terrasse des Camping-Restaurants: ein Cappuccino, zwei Croissants (Brioche). Die Badehose habe ich greifbar gelassen.

Gleich am Platz beginnt schon eine von mehreren Steigungen. Die Küste ist hier steil, die Straße muss auch mal hoch hinauf. Dafür ist die Aussicht auf die Felsenküste herrlich. An einem baufälligen Haus mit Turm (hat wohl mal bessere Zeiten gesehen) sehe ich sie wieder und bin mir im Klaren: sicher das letzte Mal für dieses Jahr – macht's gut, Mauersegler! Einen schönen Winter auch, in Afrika. – Das hügelige Gelände weicht so nach 20 km flacherem, bei Cecina lockt mich das Meer zum Baden. Es dauert etwas, bis ich am Wasser bin. Es lohnt – das Meer ist heute sehr stürmisch. Das wird als Anzeichen für Regenwetter gesehen. Und es zieht sich zeit- und ortsweise auch zu. Noch regnet es nicht. Aus Cecina raus zu finden ist schwierig. „Meine" Straße ist nicht ausgeschildert. Tja, meint die Frau von der Straßenreinigung, das sei normal, schließlich sei man hier in Italien. Ach so! Irgendwann ab Kilometer 40 oder 50 setzt das ein, was ich auch nicht brauchen kann: ein heftiger, böiger Wind aus Süd. Er bremst mich so, dass ich stellenweise kaum über 10 km/h komme. Das ermüdet ungeheuer und demotiviert. Deshalb will ich nach 100 km in Follonica Schluss machen. Hier hat der ADAC in seiner Karte ein Camping-Symbol. Und siehe da: laut Auskunft eines Passanten gibt es sogar drei. Nr. 1 geschlossen, aber Hinweisschild für Nr. 2 hat den Zusatz „aperto", ist aber „chiuso", zu

Nr. 3 sind es drei Kilometer – es wird langsam dunkel – chiuso! Zurück zu Nr. 2, da waren doch Autos. Und richtig – da sind die Betreiber, ein Seiteneingang ist offen, aber sie nehmen mich nicht, auch nicht als Notfall. Es gäbe noch einen, so 12 km weiter (kleine Steigung, na ja), der hätte vielleicht wohl möglicherweise ziemlich sicher noch… Soll ich mir ein Zimmer nehmen? Ob man mir ein preiswertes Zimmer nennen könne? Antwort: ein Zimmer sei immer teurer als ein Campingplatz. Ach was, da bin ich aber platt. Ich mache mich auf den Weg, die 12 km. Unterwegs sehe ich eine Azienda agricola, sogar mehrere. Bei einer frage ich wegen eines Zimmers – werde abgewiesen. Eine Nacht ist wohl zu wenig. War wohl 'ne fette Sommersaison, oder? Fahre – schon halb dunkel – zum Camp „Il Fontino". Am Eingang alles zu, alles dicht, die Wohnwagen dunkel. Das darf doch nicht wahr sein! Wo der Zaun niedergetreten ist, verschaffe ich mir Zugang, sehe Licht, höre Stimmen und finde statt dem Abstellplatz für ausgedienten Caravans den richtigen Eingang. Im Dunkeln aufgebaut, na ja, es fällt etwas Licht vom Waschhaus her auf die Wiese. Im Waschhaus steht auch jetzt mein Rad. Dort habe ich, weil's da Licht gibt, gekocht und gegessen. Bin jetzt geduscht und habe telefoniert. Ach so: bei Kilometer 258 war zum ersten Mal Rom mit Distanz angegeben. Jetzt sind es noch 220 km. Bin heute

Mein Platz in Talamone

116 km gefahren. Der Platz hier in Scarlino liegt zwar auch an einer Straße, aber sehr ruhig in einem Olivenhain. Ab und zu hört man die reifen Oliven fallen. Apropos Baum: diese „alte" Straße nach Rom fährt sich ganz gut, nicht so viel Verkehr, oft als Allee von Platanen oder Pinien. Letzte Bemerkung für heute: dieser Campingplatz hier schließt übermorgen auch. Ich werde doch noch nach Rom kommen, brauche doch nur noch zwei Übernachtungen!?

FREITAG, 24.09. (SCARLINO – TALAMONE) 3.TODESTAG MEINES VATERS

Welch ein Tag! Der Morgen noch gut, auch sonnig. In Castiglione della Pescaia lockt das Meer. Ich folge; herrlich, auch diese Stimmung am Saisonende: keine Hektik mehr, der Rettungsschwimmer streicht das Holzgeländer, selbst die Sonne scheint nicht mehr so heiß. Von Norden ziehen Wolken auf. Bis Grosseto gibt es sogar tolle Radwege – kilometerlang! Du folgst in Grosseto dem blauen Schild „Rom" und wirst zur SS1, der Superstrada „via Aurelia", geleitet. Für Räder verboten, oder? Also suche ich eine lokale Alternative und lande – Endstation – vor einem Bauernhof. Der Bauer sagt, die SS1 könne ich ruhig benutzen, die Richtung „Rom" sei für Räder frei, andere Straßen gäbe es nicht. Also gut: zurück und auf die SS1. Also: zweispurig, ohne Seitenstreifen, Hauptverbindung nach Rom. Nach drei Kilometern gebe ich entnervt auf und fahre ab. Im Ort frage ich nach Alternativen. Es gäbe keine. Wo denn die Dorfstraße hinführe? Tja, zum Strand, zum Bahnhof, aber danach? Sind italienische Autofahrer ein Volk borniert Idioten, die nur den Weg von der Garage zur Autobahn kennen? Diese Ansammlung von Stupidität kann schon nerven. Ich fahre kreuz und quer nach Sonnenstand ohne zu wissen, wo ich bin. Ich lande auf einem Stellplatz für Wohnmobile. Ein Italiener mit Detailkarte tüftelt mir eine Alternative aus, aber sie bleibt lückenhaft und er hilflos.

Ein Berliner: „Weeß ick ooch nich, aba kanns'de dir ma jenaue Karten besorjen, wa! Det muss doch jehn, also denk ick ma, wa!" Okay. Das ist die Lage: ich stehe etwa 180 km vor Rom,

Talamone

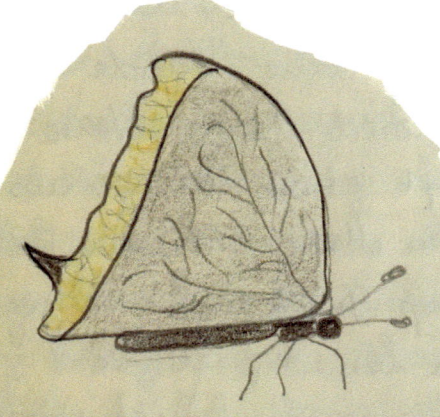

Wollte ich fangen, habe ich nicht gekriegt. größer als Schwalbenschwanz, gelb-bunter Flügelsaum, an faulen Birnen

außer der SS1 gibt es nix Gescheites. Der Berliner weiß was von zwei großen Tiefdruckgebieten, die im Anmarsch sind. Ich bin so sauer, so enttäuscht, so deprimiert. Ich fasse den Beschluss, bis Stazione de Albarese zu fahren, mir dort die SS1 anzusehen und dann zu entscheiden, ob ich abbreche. Ja, so kurz vor dem Ziel. Und dann stehe ich da auf dem Beschleunigungsstreifen der SS1 und schau dem Treiben zu. Alles wie gehabt: zweispurig, viel Verkehr. Ich entscheide aus dem Bauch, gegen die Angst. In einer größeren Lücke fahre ich los. Sehr weit geht es nicht mehr, bei Fonteblanda will ich ab. Und finde in Talamone auf Anhieb einen noch (bis morgen) offenen Campingplatz. Die Concierge meint, Richtung Rom hätten Campingplätze sogar das ganze Jahr geöffnet. Talamone liegt direkt am Meer auf einer Felsnase, sehr hübsch. – So, jetzt bin ich wieder auf Kurs, der Cappuccino hat gut getan. Jetzt wird aufgebaut, die normale Routine. Morgen will ich nach Civitavecchia (oder etwas weiter), auf der SS1. Immerhin ist Samstag. Das hilft vielleicht. Dann wäre es noch eine etwas schwächere Etappe. Mann, bin ich froh, wenn ich dort bin!

Schon um 4 Uhr auf dem Platz – schön, für alles Zeit haben – kochen, duschen, essen, aufbauen, telefonieren. Meine Freundin habe ich wieder nicht erreicht, „nur" den Sohn.

Bin ein bisschen stolz darauf, dass ich mich heute Mittag überwunden habe. So knapp vorm Aufgeben war ich letztmalig noch vor Basel. Wie ich mich neu habe motivieren können, weiß ich aber nicht.

SAMSTAG, 25.09. (TALAMONE – LADISPOLI)

Wäre der 91. Geburtstag meines Vaters gewesen. Vorgestern lag an der Straße ein toter Steinkauz; und gestern Abend riefen auf dem Campingplatz zwei Steinkäuzchen um die Wette. Ich kann mir keine nettere und liebevollere Erinnerung an meinen Vater denken. (Sie waren seine Lieblingsvögel!) Die riefen, bis es plötzlich tröpfelte, und Minuten später goss, so eine Stunde lang. Nachts dann auch wieder klare Sterne am Himmel. Schlafe etwas länger als gewohnt. Zum letzten Mal in diesem Jahr gibt es am

Camp Frühstück. So gegen neun Uhr komme ich los. Auf der SS1 „via Aurelia" (wie poetisch) ist wirklich weniger Verkehr, vor allem an Lkws. Aber der Platz ist so knapp. Und unter Pkw-Fahrern gibt es auch – vielleicht noch eher – Radikale. Ein Wind von Landseite her erwacht und wird stärker. Anfangs noch aus Nordost, kann er gelegentlich etwas schieben. Aber dann legt er kräftig zu und dreht mehr auf Ost. Unglaublich böig! Er macht mir sehr zu schaffen. Das Rad schwankt oft gewaltig. Ich fahre Bögen. Und nicht nur dann, wenn der Wind mich plötzlich nach rechts presst, sondern auch dann, wenn ich gegenlenke und mich dagegen lehne und die Böe schlagartig aufhört. Mehrmals bin ich kurz vorm Notstopp. Ich traue mich schon gar nicht mehr, in meinen Rückspiegel zu schauen, was der Verkehr hinter mir macht. Ich setze auf mein Glück und auf meinen Reiseengel. Der hat heute viel zu tun. Als die Toscana hinter mir liegt und als sich Latium vor mir ausbreitet (hügelig, Felder, Wiesen, wenig Wald), wird die Straße besser. Es gibt öfter schon mal Seitenstreifen. Mein Tacho hat wohl heute Nacht beim Regen Wasser geschluckt. Erst spielt er verrückt, zeigt an, zeigt nix an, zeigt Quatsch an, fällt aus, kommt wieder, fällt wieder aus. Als ich ihn gründlich untersuche, muss ich auch die empfindliche Stelle gefunden haben. Jetzt „brutzt" er (saarländisch für „trotzig sein") und sagt gar nichts mehr. Etliche Kilometer weiter hat er sich eingekriegt und tut wieder treu seine Arbeit. 54 km hat er nicht mitgezählt. Aber ich schon, die Markierung bis Rom ist lückenlos. Deshalb weiß ich auch, dass es heute 130 km waren und ich den zweiten Tausender dieser Reise überschritten habe. Ein weites Stück heute trotz widrigster Umstände. Ein Tankwart oben auf der Höhe, wo ich entkräftet Pause machen musste, meinte, dieser Wind halte nur bis Civitavecchia an, dann habe er verspielt. So ganz stimmt es nicht, er bläst noch ganz schön. Eine Leuchtanzeige an der Auffahrt zur Autobahn nach Rom warnt vor der Benutzung wegen Sturms. Ich kriege den Wind jetzt aber öfter in den Rücken, wo ich die Küste abfahre. Jetzt soll der, der mich vorher gepiesackt hat, mal zeigen, was er kann. Und ich radle unter blau-weißem Himmel; vor mir, über Rom, hängt es schwarz. Vor einer grauen Wolke ein grün-gelb-roter Fleck, der Anfang eines Regenbogens. Er hält sich sehr lange, verändert sich kaum. Irgendwann steht die Sonne wieder tief. Habe über die schönen Küstenbilder und meinen Kampf gegen den Wind ganz die Zeit vergessen. Ich frage hier und da. Die Dame vom Camp in Antignano meinte ja, zwischen Civitavecchio und Rom hätten die Plätze ganzjährig geöffnet. Ach was, ist ja toll. Aber es gibt hier keine Campingplätze. Ein Tankwart schickt mich nach Ladispoli. Hier ist die Hölle los. Auto an Auto quält sich in den Ort. Ich frage in einer Bar nach „Albergo", da sagt ein Gast, eine Pension sei doch viel billiger, die „Mexico" so 29 Euro. Ich fahre hin, bin kaputt, als ich ankomme, es ist bereits dunkel, da verlangt der Halsabschneider von Wirt 60 Euro! Auf mein ungläubiges Staunen reduziert er auf 50 Euro, holt mir den Aufzug, drückt mir den Schlüssel in die Hand, „terzo piano", und weg ist er. Das „Zimmer" ist 2,50 x 2,50 m; ein Bad von 3 m²; natürlich mit TV. So 30 Euro wären o.k. Das Telefonieren mit den neu erstandenen Telefonkarten klappt nicht. Ich kratze Münzen zusammen. Rede kurz mit meiner Freundin. Dann geht's hoch ins Zimmer zum Duschen und Kochen (Risotto con Funghi). Mein Rad steht auf einem öffentlichen Parkplatz hinter einer gekippten Betonwand. Hoffentlich geht das gut. War heute nochmal Geld abheben, mit Karte, ist ja Samstag. Habe am Freitag nicht daran gedacht bzw. war nicht mehr in einen Ort mit Bank gekommen.

Sonntag, 26.09. (Ladispoli – Rom)

Nochmal rauf und runter nach einem lustlosen Frühstück, nochmal Wind, böig, wechselnd, noch mal trafico, und dann ... R O M A. Bin wirklich da. Gegen Mittag stehe ich auf einer der vielen Tiberbrücken (Ponte Margherita) und versuche, es zu glauben. Rom – der Speckgürtel eher unspektakulär, langweilig. Immer dem Schild „centro" folgen. Ein Teil der historischen Altstadt ist gesperrt heute – für Autos. Mich winkt man durch,

ROMA. Bin wirklich da. Gegen mir stehe ich auf der einen* der vielen Tiberbrücken und versuche, es zu glauben. Rom – der Speckgürtel eher unspektakulär, langweilig. Immer dem Schild „centro" folgen. Ein Teil der historischen Altstadt ist gesperrt heute – für Autos. Mich winkt man durch, ich bin verwirrt. An der Piazza del Popolo tot's mir zu geschäftsmäßig. In einer Seitenstraße, der via del Babuino gibt's den ersten Cappuccino in Rom. Draußen stehen einfache Holzstühle. Hat mir gefallen. Am Nachbartisch ist ein Rom-Führer liegengeblieben. Leider in holländisch. Hat aber 'n guten Stadtplan. Erst jetzt mal die Jugendherberge.

Abends: sitze im Aufenthaltsraum der JH. Habe gerade gegessen. Jetzt folgt

\* Ponte Margherita

ich bin erwünscht. An der Piazza del Popolo ist's mir zu geschäftsmäßig. In einer Seitenstraße, der Via del Babuino gibt's des ersten Cappuccino in Rom. Draußen stehen einfache Holzstühle. Gefällt mir. Am Nachbartisch ist ein Romführer liegengeblieben. Leider in holländisch. Hat aber 'n guten Stadtplan. Jetzt erst mal zur Jugendherberge. Abends: sitze im Aufenthaltsraum der Jugendherberge. Habe gerade gegessen. Jetzt folgt noch der ruhige Ausklang mit Postkarten schreiben, anrufen, Planung für morgen und Eindrücke verarbeiten. −

Also nach dem ersten Cappuccino konnte ich's nicht lassen, noch ein wenig herum zu gondeln. Dabei habe ich die Spanische Treppe gefunden. Klar war ich einmal rauf und runter. Dann ging's zur Jugendherberge, einchecken. Das Haus ist groß und etwas vernachlässigt. Ich habe mein Bett in einem Sechs-Bett-Zimmer, mein Rad steht im Keller. Nach dem Einrichten und Duschen ab in die Stadt. Stell' dir vor: heute ist noch touristischer Tag − wie gestern schon − in Rom. Busse, U-Bahnen, Eintritte in Museen, sogar die Übernachtung in der Jugendherberge; alles heute kostenlos. Ich sehe den Petersdom, war auch oben auf der Kuppel, lasse mir viel Zeit zum Staunen, noch zur Engelsburg die Fresken bewundern. Noch ein wenig am Tiber schlendern und dann mit dem Bus zurück. Nebenan hat die Polizei Großeinsatz: dauernd Blaulicht mit Martinshorn. Nein, nein, mal keine Terroristen oder VIP's, die durch die Fußgängerzone geschleust werden: nebenan im Olympiastadion spielt Latio Rom gegen AC Mailand. −

Ich bin in Rom − fassen kann ich's noch nicht.

Der Fahrrad-Computer hat heute früh noch genau 1 km gezählt, ab dann hat er konsequent gestreikt. Ich weiß aber, dass es heute bis zur Jugendherberge so ca. 50 km gewesen sein müssen und insgesamt etwa 2070 km.

R O M !!!

Mit einem Vermerk versehen, habe ich meine „Original"-Jakobsmuschel, die ich letztes Jahr auf meiner Radreise nach Santiago de Compostela immer umhängen hatte, im Petersdom

aufgehängt. Nach zwei Stunden war sie zwar weg, aber immerhin. Sie hatte bei dieser Reise an den Rändern sowieso etwas gelitten.

Montag, 27.09.

Straßencafé vor der Vatikanmauer. Die Warteschlange für die Vatikanischen Museen ist ca. 500 m lang, geht um mehrere Straßenecken. Muss ich nicht haben. Mal die Sixtinische Kapelle versuchen und/oder Campo Santo. Dann geht's an die Altertümer aus vorchristlicher Zeit. Es ist gerade „zehn nach 10" (nach Aussage eines lieben Mitmenschen sei es „immer", wenn man auf die Uhr schaut, „zehn nach zehn"!). Die Bank hat mich beim Scheckeinlösen aufgehalten. Der Computer war abgestürzt – Banco di Roma.

Grabinschrift in Campo Santo:

„Im Leben unsre Lust,
im Tode unser Leid,
und unser Engel in der Ewigkeit."

Campo de' Fiori: Wer war Giordano Bruno, den man hier verbrannt hat? Was hatte er verbrochen? Hat er Freiheit gefordert? Oder offen der Kurie widersprochen? An seinem Denkmal steht:

IX GIVGNO MDCCCLXXXIX
A Bruno
il secolo da lui divinato
qui
dove il rogo arse."

9.Juni 1889
Für Bruno
das Jahrhundert
von ihm vorhergesagt,
hier wo der Scheiterhaufen brannte.

Heute ist hier Blumen(!)-, Obst- und Gemüsemarkt.

Abends in der Jugendherberge: also das war heute eine richtige geballte Ladung Kultur; nachdem die Vatikanischen Museen mit der Sixtinischen Kapelle verschoben waren, ein Besuch des Campo Santo (deutscher Friedhof, wird nur Deutschen zugänglich gemacht); in einem Pilgerbüro oder so was Ähnlichem erhalte ich einen Rom-Stempel, dann Campo de' Fiori, Piazza Navona, Pantheon (mit Giolitti-Eis, lecker), Fontana di Trevi. Dann ein wenig Kommerz; die Rückfahrkarte kostet bis München knapp 180 Euro. Hat mich etwas geschockt. Kann ich morgen gleich wieder Geld holen gehen. Piazza Venezia, Chiesa del Gesù, Kapitol, Forum Romanum, Colosseum, Palatin, Circus Maximus. Und alles zu Fuß. Morgen noch mal der Versuch im Vatikan, dann nur noch der Giannicolo-Hügel und durch Trastevere streifen. Um 17.00 Uhr geht schon mein Zug. Soll andertags um halb sieben früh in München sein. Freue mich auf zu Hause.

DIENSTAG, 28.09.

Gestern Abend habe ich noch lange Karten geschrieben. Als ich gegen Mitternacht aufs Zimmer schleiche, hat jemand mein Gepäck in die Zimmermitte gelegt und meinen Schlafsack auf den Tisch. Mein Bett ist belegt. Ich nehme das einzige noch freie Bett (nicht bezogen)und schlafe mit Ohropax leidlich gut. Der Straßenlärm ist unglaublich laut und es gibt jede Menge gefräßiger Schnaken. Am Morgen wird fertig gepackt. Dem Bettbesetzer ziehe ich, als er nicht da ist, das Bett ab – schließlich hatte ich es auch bezogen. Kurzes Gespräch mit zwei deutschen Studentinnen, dann ab in die Stadt, per Rad. Die Suche nach einem sicheren Abstellplatz dauert lange und endet an der Kasse der Vatikanischen Museen. Heute keine (!) Wartezeit. Es handelt sich um ein Panoptikum vielfältiger Art, von Ägypten über die Etrusker, die Griechen, das Alte Rom. Die Räume sind edel hergerichtet, Marmor regiert, vielfarbig und als Einlegearbeit. Die Wandmalereien aus vielen Stilen und Zeiträumen, alles sakrale Themen. Von der Ausführung her bewundernswert, aber gefallen tut es mir nicht. Bis man zur Sixtinischen Kapelle vorstößt, passiert man eine ganze Reihe anderer Räume, Kapellen, die auch mit Fresken ausgestaltet sind. Sicher ist die Sixtinische Kapelle sehenswert, ein Meisterwerk. Allein der Name Michelangelo bürgt da ja schon für das Besondere. Aber mir gefallen die Bilder nicht. Sind mir zu bunt. Zwischen all' den Attraktionen immer wieder Verkaufsstände und -räume. Nach anderthalb Stunden bin ich draußen. Die Bilder der Pinakothek, die Teppiche an den Wänden – alles kolossal, alles gewaltig, alles riesig, aber für mich keine bedeutenden Kunstwerke. Würde mir davon kein einziges zu Hause aufhängen. –

Schreibe im nach-Hause-Zug. Zur Zeit stehen wir in Orte. Lokschaden. Meine Umsteigezeit von 45 Minuten in Florenz schmilzt. Und an der hängt meine geplante Überraschung für meine Freundin. Da der Zug über Basel nach Karlsruhe und Mannheim nach Stuttgart und München fahren soll, habe ich München fallen gelassen und komme direkt vom Rhein nach Hause, vielleicht zum Frühstück mit meiner Freundin. Da wird sie wohl mal gucken. Meine Tochter, die in München lebt, war

nicht traurig, denn 1.) steckt sie im Praktikum, hat zu arbeiten, 2.) wären es ja doch nur ein paar gemeinsame Stunden gewesen, und dafür dieser Aufwand?, 3.) meint sie, zur Zeit seien in München wegen des Oktoberfestes alle Züge ausgebucht. So fiel die Entscheidung nicht zu schwer. Hoffentlich klappt die Überraschung!
– Seit ein paar Minuten fahren wir wieder. –
Nach den Museen wollte ich noch auf den Giannicolo-Hügel, war auch fast oben, Baustelle, gesperrt. Auch zu Fuß kein Durchkommen. Also wieder runter! Nochmal rauf will ich nicht. Das hebe ich mir für einen späteren Besuch Roms mit meiner Freundin auf, wie so vieles andere auch. Ich bleibe in Trastevere, gondele umher, gönne mir ein letztes Mal Pizza mit Cola. Eine Radsportgruppe aus Rom, am Anfang ihrer Tour nach Palermo, lädt mich zu einem Cappuccino und einem Brioche ein. Nett. Dann wird's Zeit. Muss zum Zug. Finde den Weg zuerst nicht, verfahre mich, Einbahnstraßen führen weg von meiner Richtung. Aber Rom ist handlich. Am Ende komme ich doch eine gute halbe Stunde vor Abfahrt an. Und dann, um 17.14 Uhr:

Ciao, Roma! Ciao, Italia!

Zeit für ein Fazit, eine Bilanz: also, nüchtern betrachtet: 31 Tage, über 2000 km, etwa 1700 Euro an Kosten. Italien war sehr anstrengend und sehr teuer. Hätte ich mir sicher nicht geleistet, wenn ich es vorher gewusst hätte. Habe ich zum Glück aber nicht. Z. Zt. überwiegt von Italien eher der Eindruck: furchtbar laut und schrecklich schmutzig, auch die Flüsse. Kaum sauberes Wasser. Die anderen, die beglückenden, hübschen Bilder, die hat es auch gegeben. Es wird dauern, bis sie größer werden. Die Erinnerung an die körperlichen Anstrengungen ist ja auch schon am Verblassen. Bin gespannt, wann die Frage auftaucht:
Wohin nächstes Mal?